ISBN 978-2-918682-554
www.arkhe-editions.com
En couverture, gravure de
Philippe Achermann

JEAN-LAURENT CASSELY

NO FAKE©

ARKHĒ

VOX'

Vox' décrypte les tendances et les phénomènes qui agitent notre société. Une collection qui apporte un regard inédit, toujours « pop » et éclairant sur les enjeux d'actualité.

«

L'authentoc n'est pas un masque qu'il suffirait d'arracher pour retrouver le vrai visage de la France. Il est devenu la France. Il est devenu l'Occident.
Technikart, Septembre 2001.

SOMMAIRE

UN MONDE OÙ TOUT SONNE TROP VRAI

ALORS QUE J'ÉCRIVAIS LES DERNIÈRES LIGNES de ce livre, mon attention fut attirée par un communiqué de presse reçu dans ma boîte mail, dont l'entête annonçait : « Jean Imbert ouvre un restaurant avec sa grand-mère : "Mamie", le 15 mars 2019. » « Toute la carte sera élaborée à quatre mains par Jean et sa grand-mère », détaillait le texte du communiqué, « et sera composée uniquement de plats qu'elle a l'habitude de réaliser et qui ont marqué le chef, de son enfance à aujourd'hui (blanquette de veau, œufs à la neige) »…

Sur son compte Instagram suivi par plus de 352 000 abonnés, le chef « star » avait posté un mois plus tôt une émouvante photo en compagnie de ladite aïeule. Sur ce *selfie* de famille « liké » par plus de 40 000 personnes, on apprenait que ce projet était pour lui « une évidence, un rêve d'enfant ». Cette grand-mère, ajoutait Jean Imbert, « est la raison pour laquelle j'ai toujours voulu faire ce métier et c'est le sens que je veux donner à ma vie qui soi-disant se passe entre les stars et les USA mais qui n'a plus aucune saveur sans mes racines ».

En cliquant sur le lien mentionné à la fin du texte, on accédait à la page d'accueil du site du futur établissement, sur laquelle s'affichait sobrement la mention : « *Mamie, par Jean Imbert* ».

Quiconque se penche sur la question de la quête d'authenticité tombe rapidement sur son pôle opposé, le « faux ». Or ce soupçon de fausseté, cette accusation d'être *fake* est très souvent reliée au caractère mercantile d'une entreprise, d'une activité ou d'un individu dont on questionne la sincérité. Les critiques portant sur l'inauthenticité de l'existence moderne rejettent avant tout des biens, des services, des expériences qui s'inscrivent dans l'économie de marché, sont produits ou proposés par des entreprises, endossés par des marques commerciales, distribués par des grandes surfaces ou par des sites marchands et, bien entendu, qui s'obtiennent moyennant une somme d'argent définie, en échange d'un abonnement ou à l'issue de tout autre type de transaction économique réglée en *cash*, par virement ou en transfert de données personnelles. Dans un monde où tout s'achète et tout se vend, la grand-mère n'est-elle pas l'ultime gisement d'authenticité, le dernier *safe space* non-marchand accessible en ville ? Par son âge avancé, elle personnifie la nostalgie *vintage* d'une époque qui n'arrive pas à se représenter son présent, sans même parler d'un possible futur alternatif aux sombres prédictions des collapsologues. Supposément à la retraite après une vie qu'on imagine simple et heureuse, la grand-mère ne cuisine pas pour se remplir les poches, impressionner la critique gastronomique ou alimenter Instagram en bons petits plats photogéniques. Elle fait les choses de manière pure, simple et vraie... comme elle l'a toujours fait. De fait, il est tentant de voir dans cette invocation de la grand-mère, ce point *mamie*, un nouveau label d'authenticité, voire un gage de désintéressement. Notons que si la figure de l'aïeule avait déjà été mise à contribution par le marketing avec les « Bonne Maman » ou autres « Mamie Nova », il s'agissait encore d'une représentation générique et largement stéréotypée ; personne n'était encore allé jusqu'à débaucher sa propre grand-mère.

Si je n'ai aucune raison de douter de la sincérité de l'amour que porte Jean Imbert à sa mamie adorée, la reprise de cette annonce par tous les sites *people* illustre parfaitement une tendance à l'œuvre depuis quelques années, celle du brouillage entre le vrai et le faux, le commercial et le non marchand, le consumériste et l'authentique. Convoquer ainsi son aïeule dans le cadre d'une création d'entreprise, c'est opérer un détour par le vrai pour nous proposer une expérience de consommation d'un nouveau type : une relation marchande qui euphémise la transaction et se fait oublier derrière la présence rassurante d'une authentique figure aux cheveux grisonnants. Cette nouvelle invasion des grands-mères en cuisine et sur les logos des enseignes rappelle une autre manifestation de l'hyper vrai, celle des marques qui accolent à leur nom la mention d'une « Maison » imaginaire. Dans la France des années 2010, cette imposante « Maison » est devenue l'équivalent des titres de noblesse marchandés en vue de s'offrir une certaine forme de respectabilité sociale. Les entrepreneurs y recourent dans l'espoir de doter un concept vieux de quelques mois d'une profondeur historique artificielle.

La revanche des hipsters

Une telle aspiration à la sincérité ne sort pas de nulle part. Elle est portée par une génération – Jean Imbert a un an de moins que moi – qui a grandi dans un monde bien particulier. Né en 1980, je reste à la périphérie temporelle du groupe générationnel qu'il est convenu d'appeler les *millennials* et dont on situe le foyer historique entre le milieu des années 1980 et le milieu des années 1990. Créé pour les séduire, le site américain *Buzzfeed* a inventé un genre journalistique très ludique : les listes. L'une de celles-ci est intitulée : « 22 choses que tous les enfants qui ont grandi dans les années 1990 connaissent forcément[1] ». Dans la mesure où sur les vingt-deux souvenirs évoqués, la majorité sont des marques commerciales (McDonald's), des supports de jeux vidéo (console Mega Drive), d'enregistrement ou d'équipements audiovisuels (téléphone Nokia, cassette audio, CD deux titres, baladeur à cassettes), des références à des émissions de télévision (*Le Club Dorothée*, *Dragon Ball*) ou des jeux dérivés de la pop culture (*Pokemon*, *Tamagotchi*), on comprend ce que signifie concrètement de grandir dans un environnement borné de part en part par la consommation. Ce constat n'appelle à ce stade ni enthousiasme, ni condamnation : il est simplement conforme à l'environnement quotidien de la fin du siècle précédent.

Tout essai est un coup de bluff et celui-ci ne fait pas exception à la règle. L'auteur espère que son point de vue, personnel par essence, sera partagé par son lecteur, au point qu'une fois le livre refermé, celui-ci verra le monde qui l'entoure au prisme de ce qu'il vient de lire. Je mentirais si je disais que les idées qui suivent, parfois complexes, étaient déjà articulées à la perfection avant de les coucher sur le papier. En revanche, *a posteriori*, les pièces du puzzle s'assemblent parfaitement et la thèse défendue ici me semble à même de rendre compte d'un grand nombre d'aspirations que je partage avec mes contemporains et qu'on pourrait résumer par « une forte sensibilité pour tout ce qui a l'air authentique ».

La thèse centrale de ce livre est la suivante : à force d'avoir fui un monde que nous considérions comme inauthentique, nous avons créé un monde de l'« hyper vrai » qui prend parfois l'allure d'un nouveau stade du faux. La relégation – certes partielle – du consumérisme de masse et de l'univers Disney dont l'imaginaire et les parcs d'attractions étaient présentés comme l'horizon indépassable de la vie occidentale à la fin du millénaire, n'a été réalisée qu'au prix de la construction d'un nouveau « disneyland hipster » qui a pris place à côté des ruines du premier. Ainsi, la tentative de s'extraire de la fausseté qui s'incarne dans les « non-lieux » décrits par l'ethnologue Marc Augé au début des années 1990 (les aéroports, les espaces commerciaux, les échangeurs autoroutiers) ou dans la « France moche » (dénoncée par le magazine *Télérama* en 2010), a eu d'étranges conséquences urbaines et paysagères. Depuis que la gentrification est à l'œuvre dans les espaces populaires des métropoles, la vie urbaine passée au filtre des aspirations de ses nouveaux habitants donne à ces quartiers des airs de reconstitution historique – ou de *Truman Show* français – comme si la France de Jean Gabin avait refait surface tout en nous autorisant à conserver les menus sans-gluten, la 4G et nos comptes Instagram.

Les bistrots néo-traditionnels français, mais également les *coffee-shops* qui servent des cafés *latte* dans un décor saturé de petits objets surannés du XXe siècle, les espaces de *coworking* qui ressemblent à des entrepôts de brocante et inversement, les séries-hommage aux années 1980 comme *Stranger Things* et de manière générale la sous-culture hipster font partie des émanations les plus pures de cette sensibilité néo-authentique. C'est pourquoi le « hipster », archétype vague et médiatiquement omniprésent dont personne ne s'est jamais revendiqué, ne désigne pas dans les lignes qui suivent un petit groupe social avant-gardiste mais le candidat à la reconnexion avec la vie authentique qui sommeille en chacun de nous.

Une fois qu'on aborde la culture hipster comme une névrose obsessionnelle du « vrai », les choses commencent à s'éclaircir, et ce qui était considéré comme une mode vestimentaire ou un genre musical devient une doctrine de vie et une vision du monde qui peut éventuellement porter un projet historique et politique, même s'il n'est jamais formulé comme tel. Il est généralement admis que la vague hipster, dont l'apogée correspond au tournant des années 2000 et 2010, fut une sous-culture dénuée de toute dimension politique, contrairement aux hippies qui aspiraient à un monde meilleur, libertaire et égalitaire, ou même aux punks ou aux *ravers* qui, dans leur nihilisme, exprimaient encore une forme d'anticonformisme, certes un peu vide.

Les populations nées à la fin du XXe siècle sont les premières à être *globalisation native*, nées à l'ère de la globalisation et avec le « village mondial » comme horizon. Ses membres ont repris la partie là où leurs aînés l'avaient poussée. La généralisation du mode de vie urbain, l'extension du domaine de la consommation et la révolution numérique sont donc les coordonnées de départ à partir desquelles l'identité hipster a bâti sa version du « vrai », dans un contexte de fin de siècle qui était porté par des thèses aux noms encore aujourd'hui évocateurs, comme *L'Ère du vide*[2] ou *La Fin de l'histoire*[3]. Mais quel type de maison construit-on quand on choisit un terrain au bout de l'histoire situé au-dessus du vide ?

« Nous rêvons encore d'un bar où le serveur connaîtrait notre prénom », écrit le Canadien Andrew Potter dans une enquête publiée en 2010, *L'Arnaque de l'authenticité*[4]. Malheureusement chacun sait que cette quête est en grande partie illusoire, c'est pourquoi les tentatives « hipsterisantes » de ranimer une expérience holistique, traditionnelle ou artisanale ressemblent trop souvent à une parodie, sonnent faux et génèrent le malaise.

Si l'on suit le même Andrew Potter, l'idéal d'authenticité naîtrait de l'espoir nostalgique de raviver une dimension communautaire au sein d'un monde profondément individualiste, libéral et marchand. Est-il possible que le « hipsterisme » soit un nouveau genre d'identité malheureuse des populations jeunes, urbaines et branchées, masquant sous le détachement ironique devenu comme une seconde peau, le malaise identitaire, la nostalgie culturelle, le refuge dans le passé, bref... tout ce qui a été reproché aux courants conservateurs et réactionnaires qui ont pris l'ascendant culturel sur la société française depuis plusieurs décennies ? Cette hypothèse ne sera que suggérée dans les pages qui suivent : le lecteur se fera son opinion en fonction de sa propre expérience et de sa sensibilité.

D'autres sont plus affirmatifs. Dans son essai à charge, Andrew Potter analyse la quête obsessionnelle du vrai, du naturel et de l'immaculé qui anime les Occidentaux comme un rejet de la modernité – technique, politique, culturelle ou économique – rejet qui n'est pas sans rappeler celui du fondamentalisme islamique, bien que celui-ci l'ait exprimé avec des moyens très différents. Selon lui, le *clash* des civilisations tant commenté après les attentats du 11 septembre ne dessinait pas une ligne de partage entre l'islam et la chrétienté, « entre les djihadistes et les croisés » ou « entre Mahomet et Jésus » mais plutôt « entre Mahomet et Lady Gaga », c'est-à-dire entre une vision organique, traditionnelle, intégrée et non séculière de la société et une autre, capitaliste, libérale, individualiste et riche en nouvelles saisons de séries télé ou en phénomènes de mode sans cesse renouvelés. D'autres essayistes ont popularisé la même opposition au cours des années 2000, à l'image de Benjamin Barber et de son *Djihad versus McWorld*[5]. Aurions-nous eu affaire avec les hipsters à un match parallèle – et secondaire – se jouant sur un autre court : celui de l'« *IPA* versus *McWorld* ? »

Selon une autre interprétation, les hipsters auraient été la traduction *lifestyle* de la théorie de la « fin de l'histoire ». Apparu au cours des années 1990 et 2000, ce discours a accompagné l'entrée dans la postmodernité. En s'enfermant dans une parodie de tous les styles de vie qui les ont précédés pour en faire un bouillon de culture éclectique, n'hésitant pas à revisiter certaines traditions pour les rendre opérantes à l'ère des réseaux sociaux, les hipsters auraient fait *leur* cette idéologie de l'adieu à un futur radieux et, à tout le moins, radicalement différent du présent. Sous leur règne, nous nagerions dans un musée de l'histoire dont les collections seraient en réagencement perpétuel, mais d'où rien ne pourrait sortir de véritablement neuf. Et si, au contraire, l'œuvre qu'ils laissent en héritage était une tentative, parfois maladroite, de reprendre pied dans l'histoire ?

Le « hipstérisme » est peut-être une identité parodique, réflexive et reconstruite, cela vaut toujours mieux que pas d'identité du tout. Cette invitation à considérer la culture hipster comme un *backlash* culturel ou un *revival* dont la dimension ironique ne peut que partiellement masquer l'inquiétude qu'elle exprime est l'hypothèse que je soumets au débat dans les lignes qui suivent. En espérant ne pas sombrer dans le registre du jugement, puisqu'il s'agira principalement ici de décrire, de décrypter, d'éclairer et de comprendre tout en affirmant un point de vue, mais en évitant de distribuer les bons et les mauvais points ou de célébrer un stade du vrai – ou du *fake* – plutôt qu'un autre.

Le nouvel âge du Fake

Ce livre n'aborde pas la question des *fake news*, en tout cas pas directement. Il emprunte en revanche son titre à cette formule qui est entrée dans le langage français courant – en tout cas dans le langage médiatique courant – après l'élection de Donald Trump. Le *fake* a depuis dépassé le cadre des discussions sur la crédibilité des sources d'information et la crise des médias à l'ère d'internet. Il désigne plus généralement les stratégies, les atmosphères, les paroles, les comportements trop manifestement empruntés, calculateurs ou intéressés. Pourquoi parler de *fake* plutôt que de « faux » ? Parce que les anglicismes populaires sont des émanations culturelles d'une époque. Dans son essai sur la modernité, Marshall Berman écrit à propos du terme « macadam » :

> « Ce pourrait être le premier mot de cette langue que les Français du XXe siècle ont satiriquement nommée *franglais* : il ouvre la voie au *parking*, au *shopping*, au *week-end*, au *drugstore*, au *mobile home* et à bien d'autres. Si ce langage est si essentiel et si attirant, c'est qu'il forme le langage international de la modernisation. Ces mots importés sont de puissants véhicules des nouveaux modes de vie [...]. Ils peuvent sembler dissonants et dérangeants, mais il est aussi futile de leur résister que de résister à l'élan de la modernisation elle-même[6]. »

Marc Augé, ethnologue à l'origine de la notion de « non-lieu », écrit pour sa part que « les mots à la mode – ceux qui n'avaient pas droit à l'existence il y a une trentaine d'années – sont ceux des non-lieux[7]. » Ce livre parle des gens, des activités et des cultures qui sont à la mode, il est donc logique qu'il leur emprunte leur langage. De la même manière que *startups*, *coworking*, *craft beer* ou *coffee-shop* ne véhiculent pas les mêmes connotations que leurs équivalents français – si tant est qu'ils existent – passer de « faux » à « *fake* » signale un changement d'époque, de génération et de problématique. Les auteurs du faux furent contemporains de l'entrée dans la société de consommation et de la civilisation de masse, dont le rejet a culminé en Mai 68. Dans la mesure où la sensation d'être entouré par le faux apparaît toujours dans le contexte d'une avancée particulièrement intense du processus de modernisation, les plus grands livres écrits sur cette sensation furent publiés à l'apogée des Trente glorieuses : *Les Choses*, le roman de Georges Perec qui décrit la vie d'un couple obnubilé par la quête de bien-être et de bonheur qu'il recherche à travers la consommation, paraît en 1965. *La Société du spectacle*, l'essai culte du fondateur du situationnisme, Guy Debord, paraît en 1967. L'aphorisme le plus célèbre de cet incroyable recueil de *punchlines* étant sans doute celui qui affirme que « Dans le monde réellement renversé, le vrai est un moment du faux ». 1967 est également l'année de la sortie du film *Playtime* de Jacques Tati, considéré comme l'œuvre cinématographique majeure de critique et de parodie de la modernisation de la France. La séquence se termine par la parution, en 1970, de *La Société de consommation* de Jean Baudrillard.

Durant les Trente glorieuses, l'armature matérielle du monde a été profondément modifiée. À commencer par le territoire lui-même : des tours, des quartiers de grands ensembles et même des villes nouvelles sont sortis de terre, des complexes de loisir en bord de littoral ou en haute montagne ont été érigés. Des autoroutes ont été construites pour relier ces nouveaux lieux de vie, de travail, de production, de commerce et de loisir entre eux. En parallèle, l'environnement familier des gens a été bouleversé par le mode de production industriel. Les usines ont permis la fabrication en série d'objets du quotidien : automobile, électroménager, télévision. C'est pourquoi ces années furent celles de l'opulence matérielle et que le malaise de ceux qui rejettent cette société va se fixer sur les « choses ». Contrairement à nos aînés, nous ne croulons plus vraiment sous les objets – que les *coachs* et autres gourous du rangement nous encouragent même à jeter – mais sous les flux d'informations, qui sont la boulimie consumériste de l'époque.

Une première poussée d'angoisse technologique s'est exprimée à l'approche du passage symbolique à l'an 2000 : l'impression de nager en plein toc était alors omniprésente, comme en témoignent les romans de Michel Houellebecq qui font la description prosaïque – et parfois complaisante – d'un horizon existentiel borné par la consommation ; le film *The Truman Show*, qui met en images la sensation d'être en permanence immergé dans un monde factice ; le magazine *Technikart* qui moque l'ère de « l'authentoc » dans une France – déjà ! – envahie par « la bouffe bio, les quartiers bobos et l'arnaque *vintage* ».

La nouvelle crise de l'authenticité, celle du *fake*, a cela de commun avec celle du passage à l'an 2000 qu'elle n'est plus vraiment liée à la matière ou à l'espace mais à notre relation à l'image. Les marques qui incarnaient le totalitarisme publicitaire et marchand des années 1990 et 2000 comme Nike, McDonald's, Coca-Cola, Disney, Gap, Levi's ou Starbucks – dont l'emprise sur la vie quotidienne a justifié le succès de *No Logo*[8] – sont toujours présentes mais ont été brusquement ringardisées. Par les GAFA, d'abord, mais plus encore par l'économie de plateformes et ses curieuses entreprises qui répliquent et tordent la réalité qui nous entoure. Non seulement Airbnb modifie profondément les intérieurs et les quartiers où ses logements sont proposés en location, mais c'est désormais Instagram qui remplace les cahiers de tendances d'autrefois et diffuse l'esthétique globale de « l'ère du vrai ». En conséquence, ce ne sont plus les objets qui nous effraient par leur étrangeté, ce sont les séquences de vie elles-mêmes qui paraissent *fake* à force de réplication infinie dans le flux permanent de données qui double désormais la vie matérielle de chacun.

« Nous vivons dans un tourbillon d'images et d'échos qui interrompt l'expérience et la rejoue au ralenti. Les caméras et les machines à enregistrer ne transcrivent pas seulement le vécu, elles en altèrent la qualité, donnant à une grande partie de la vie moderne le caractère d'une énorme chambre d'échos, d'un palais des miroirs. La vie se présente comme une succession d'images ou de signaux électroniques, d'impressions enregistrées et reproduites par la photographie, le cinéma, la télévision, et des moyens d'enregistrement perfectionnés. »

Ces lignes sont tirées de l'ouvrage de Christopher Lasch, *La Culture du narcissisme*, publié en 1979. Ce que Lasch et d'autres avaient parfaitement anticipé, c'est que dans cette économie nouvelle où seule l'information continue de croître au détriment du monde matériel, la société se résume de plus en plus à une immense accumulation d'images, de signaux et de données. Ce qu'aucun d'entre eux ne pouvait en revanche prévoir, c'est la forme que prend cette nouvelle société et la manière dont chacun se débrouille pour organiser cet amas d'images. Ce qu'ils ne pouvaient pas prédire, c'est l'avènement des *posts* Instagram de café *latte* ; la culture urbaine hipster des années 2000-2010 ; l'obsession des critiques gastronomiques et des clients pour les rades et les troquets garnis de meubles en formica et de chaises d'écoliers ; le *retrogaming* ; le passage du hamburger – cheval de Troie de l'américanisation des modes de vie – à objet de désir et de statut vendu 15 euros dans des échoppes de *street food* gourmet ; les appartements de designer meublés de pièces vintage défilant à l'infini sur Airbnb ; l'obsession pour les anciens quartiers ouvriers. Au point qu'il est permis de se demander si, dans la France d'aujourd'hui, le vrai n'est pas l'ultime stade du *fake*.

J'aimerais cependant alerter le lecteur sur un risque de contre-sens. La plupart des gens avec lesquels j'ai discuté de cette enquête trouvaient salutaire que j'établisse une ligne de partage entre la *fake* authenticité, commerciale et marketing et la *bonne* authenticité, qui serait restée pure et vraie. Or ce type d'approche est justement contraire au propos même de ce livre. Dans la mesure où le succès de la quête d'authenticité repose sur l'existance– à titre de comparaison – de personnes, de pratiques et de lieux jugés « moins » authentiques que ceux qui nous définissent, cette recherche est par essence « relative » et prend sa source dans une compétition sociale un peu vaine, dans laquelle la teneur en authenticité devient la nouvelle monnaie, la source ultime de distinction et une réaction individuelle de panique à l'idée d'être un membre « parmi tant d'autres » d'une société de masse.

Ce livre n'est donc pas écrit pour entériner cette course à l'authenticité, encore moins pour défendre certaines formes d'authenticité qui auraient été dévoyées... il s'agit d'une mise en perspective de l'idée même de quête de vrai. C'est elle qui éclaire notre personnalité et notre sensibilité actuelle, bien plus que la découverte de tel environnement qui serait resté authentique – jusqu'à ce que notre intrusion n'en condamne précisément ce qui en faisait l'attrait.

Le vrai bar que nous cherchons tous n'a pas été éradiqué par le marché, le progrès, internet ou la société de consommation : il n'a probablement jamais existé et – de toute manière – il perdrait vraisemblablement son aura à l'instant précis où nous en franchirions le seuil.

Trois variations autour de la quête d'authenticité

Le texte qui suit propose trois variations sur le thème de la quête de vrai à l'heure de l'instagrammisation de nos vies. Ce voyage dans l'ère de « l'hyper vrai » débute en « Hyper France », c'est à dire dans des lieux – principalement des cafés et restaurants – qui jouent à être la France. Loin du folklore des associations d'anciens, ces espaces de sauvegarde et de réinterprétation du patrimoine qui s'inspirent de la France *vintage* sont le fait d'entrepreneurs jeunes et urbains, et séduisent une clientèle tout aussi éloignée des clichés associés à la « vieille France ». L'Hyper France est une émanation de la question plus générale abordée dans cet essai : la quête d'authenticité et la méfiance vis-à-vis du *fake* qui en découle.

La deuxième partie est une plongée dans les années 1980 à 2000, années de basculement dans la globalisation qui ont vu se construire un monde plus homogène et normalisé, le territoire et la vie quotidienne prenant un aspect générique qui sera âprement combattu par la génération qui a grandi dedans.

La troisième partie s'attarde sur la figure du hipster, dont les lieux de vie et le rapport au monde, marqués par l'obsession de l'authenticité, sont une réponse aux années génériques. Touriste de sa propre culture, cet insaisissable personnage « d'après l'histoire » est l'inventeur d'un folklore postmoderne dont le café *latte* et les toasts à l'avocat seraient le legs au patrimoine culturel immatériel de l'Unesco si, un beau jour, une culture hipster venait à être étudiée par les anthropologues.

Si chaque texte a sa cohérence interne, son angle d'attaque spécifique et peut se lire indépendamment des deux autres, la progression linéaire de la première à la troisième partie est néanmoins conseillée. Le texte part du particulier pour remonter au général et, sur le plan de la chronologie, suit un chemin en zigzags : de la scène d'exposition tirée du monde contemporain au retour en arrière, à la racine du malaise, dans les années 1990 avant le retour aux années 2000-2010, avec la naissance de la vague hipster.

Pour élaborer les pages qui suivent, j'ai comblé beaucoup de lacunes concernant la vie des Français pendant les Trente glorieuses et dans les années qui les ont suivies ; lu beaucoup – trop – d'analyses portant sur la postmodernité et passé tellement de temps dans les *coffee-shops* hipsters que j'ai fini par y prendre goût, choisissant même d'abandonner définitivement le jambon-beurre de chez Paul au profit de sa version *indie*, locale, sourcée et premium de l'Est parisien. S'il ne répond à aucune question pressante – Comment mieux ranger sa maison ? ; Que boire pour rester en forme ? ; Pourquoi passons-nous trop de temps sur les réseaux sociaux ? – cet essai poursuit l'ambition de donner un semblant de cohérence à une partie du catalogue des tendances contemporaines qui nous sont tombées dessus ces derbières années… sans que personne n'ait « véritablement » choisi de les intégrer à sa vie de tous les jours.

I.
ASTÉRIX CHEZ LES HIPSTERS

« Vous êtes fou, vous savez. Vous vous trouvez au milieu d'une reconstitution historique [...] une copie du passé. Une imitation. Et vous préférez vivre là-dedans plutôt que dans le monde réel. »

Philip K. Dick, *Reconstitution historique*

1. LE PASSÉ GENTRIFIÉ

C'EST UN COMMERCE LARGE COMME UN COULOIR, situé dans une ancienne boucherie chevaline dont l'enseigne, kitsch à souhait – une tête de cheval – a été préservée, ainsi que les néons qui l'éclairent. Nous sommes dans une sandwicherie-traiteur, mais on dit plus volontiers « comptoir », « cantine » voire « casse-graine » si on verse dans la sémantique *Fooding*. La devanture ressemble à celle des commerces désuets des villes moyennes de sous-préfecture, dont les magazines de mode célèbrent l'esthétique *vintage* au moment précis où les reportages de terrain en chroniquent le déclin. Les clients du midi forment une file d'attente qui déborde sur le trottoir pour commander le sandwich qu'ils dégusteront dans les locaux de leur agence ou de leur espace de *coworking*.

Assis sur des tabourets, ceux qui, comme moi, ont opté pour la dégustation sur place se collent à l'étroite table en hauteur qui fait face au comptoir. Ce jour-là, je ne croque pas dans un sandwich générique mais dans un véritable jambon-beurre estampillé Prince de Paris, devenu en quelques années le label qui compte dans la *hype* néo-charcutière parisienne. À l'heure de l'authenticité comme marchandise, tout a une provenance – jambon, pain, sel, beurre et café inclus – en attendant l'eau du robinet. Comme les personnages de *Game of Thrones*, les ingrédients des cartes de néo-bistrot parisien viennent tous de la Maison « Quelque chose ».

La « rolls » du jambon-beurre est servie dans une petite corbeille en plastique de couleur jaune, comme au bon vieux temps. Le sandwich coûte 5 euros, c'est le moins cher. La nouvelle distinction consiste souvent à consommer les versions chères des denrées du quotidien. Lointain souvenir sublimé de ce qui fut jadis un casse-croûte ouvrier, le jambon-beurre haut de gamme est le sommet de cette approche esthétisante du patrimoine populaire français des décennies passées.

Deux amies américaines qui patientaient derrière moi dans la file d'attente commencent à lâcher de petits cris : « *Oh My God !* », « *Yummie !* ». Comme moi, elles ont probablement été attirées dans cet antre du vrai par une des innombrables listes des lieux parisiens les plus authentiques. Évidemment, comme 90 % des endroits qu'elles fréquentent, cette sandwicherie est la version mise aux normes hipster, prête pour les *shooting* et le partage sur les réseaux, de l'idée que chacun se fait de l'authenticité française.

La France urbaine du début du XXIe siècle est marquée par cet étrange paradoxe : tout ce qui est vieux y est à la mode. Jadis apanage des sujets du 13 heures de Jean-Pierre Pernaut et marqueur politique des lecteurs de *Valeurs actuelles*, la nostalgie identitaire pour les attributs français estompés par la modernisation touche désormais les populations jeunes, urbaines et éduquées. Déjeuner dans un bistrot populaire, acheter des meubles en Formica, jouer à la pétanque, photographier des enseignes de charcuterie des années 1970 pour les poster sur Instagram sont des activités prisées de cette clientèle de centre-ville ; et la mince couche d'ironie dont elle recouvre cette réappropriation du passé – comme tout ce qu'elle entreprend – est la seule manière de distinguer la France « nostalgique du mobilier de salle de classe » des années 1950 de celle qui regrette le retour de la blouse à l'école.

Dans les pages qui suivent, le voyage que nous venons d'entamer au cœur de ce que je propose d'appeler « Hyper France » sera d'abord cantonné à un territoire particulièrement restreint : l'Est parisien, foyer central d'émission des styles de vie désirables, berceau de cette étrange sous-culture adoptée par des populations *a priori* éloignées de toute sensibilité nostalgique.

Comme le *revival* culturel pour tout ce qui touche aux années de l'après-guerre s'exprime avec une acuité particulière dans nos assiettes – qui sont le meilleur reflet des évolutions anthropologiques – nous partirons à la rencontre de restaurateurs dont les concepts retravaillent le folklore gastronomique français.

PETIT INVENTAIRE DE L'HYPER FRANCE

Établissements hyper français de la rive droite parisienne

Aux Bons Crus (Les Routiers)
La Fontaine de Belleville
Bouillon Pigalle
Buffet
Chez Aline
Hôtel Panache
Hôtel Amour et Hôtel Grand Amour
Café Pinson
Hôtel Paradis
Hôtel COQ
Grand Pigalle Hôtel

Marques et enseignes hyper françaises

Club Pétanque
Le Slip français
Belleville Brûlerie
Bière Gallia
Big Fernand

Œuvres et artistes hyper français

Les Brigitte
Corine
OSS 117
Au service de la France
Le Fabuleux destin d'Amélie Poulain

Retour vers le passé

Si le jambon-beurre se contente d'être la version upgradée d'évocations historiques, d'autres restaurateurs vont désormais plus loin et recréent de toutes pièces le passé auquel ils se réfèrent. C'est le cas d'Aux Bons Crus, un restaurant ouvert en 2017, toujours dans le secteur très inventif – et nostalgique – de l'Est parisien. L'écusson peint en lettres blanches sur fond bleu et rouge sur la façade signale quel sera le thème de l'établissement : celui des *Routiers*, célèbre répertoire d'adresses bon marché destinées aux transporteurs de marchandises désireux de garer leur camion et de prendre leur pause déjeuner. À l'intérieur, les nappes vichy à petits carreaux rouge et blanc, les banquettes de cuir et les menus anciens qui décorent les murs plongent le client dans l'atmosphère d'un bistrot des années 1960. Inscrit à la craie sur une ardoise ornée du logo bleu et jaune de la marque Ricard, le menu du jour annonce en toute simplicité :

« Formule déjeuner 11 €
Harengs, Pommes à l'huile
Échine de porc, sauce Bordelaise, chou braisé. »

La carte se compose de plats emblématiques de la cuisine française populaire : œuf mayo, rognons, andouillette, tête de veau, chou braisé (la spécialité de la maison). Des plats « canailles », comme les ont baptisés les critiques gastronomiques. Sur la carte, le client peut lire des slogans bon enfant : « Une halte chez un routier c'est l'assurance d'un bon repas peu coûteux ! » ou « Cuisine soignée, tout au beurre ». Le site internet du restaurant accueille le visiteur avec d'autres propos rassurants, qui confirment l'identité populaire, traditionnelle et authentique du lieu :

> « Bienvenue Aux Bons Crus, un vrai bistrot parisien, celui dont on rêve tous. Un petit coin tranquille, une cuisine des familles, soignée, simple et généreuse. Ici, pas de nostalgie fabriquée pour les touristes mais tout ce qu'il faut pour passer un bon moment entre amis. »

Cette description achève de nous convaincre que le restaurant est non seulement un relais routier, mais encore le relais routier idéal. À un détail près : aucun véritable routier n'y pénètre jamais. Contrairement à l'usage, l'établissement n'est pas équipé de parking sur lequel les camionneurs pourraient garer leur outil de travail avant de venir se restaurer. Les notices des restaurants répertoriés par le guide des *Routiers* mentionnent systématiquement la présence d'un tel équipement, ainsi que le nombre de places disponibles ou sa superficie... par exemple : « Parking autos et camions 3 000 m^2 – 48 places PL [Poids lourds] ». Aux Bons Crus est situé dans la rue Godefroy Cavaignac, à deux pas de la place Voltaire, dans le XIe arrondissement de Paris : un territoire sur lequel les places de parking poids lourds sont notoirement rares.

Si Aux Bons Crus est un resto routier sans routier, c'est aussi et surtout parce qu'il est implanté à des dizaines de kilomètres des voies de circulation empruntées quotidiennement par les flux de transport de marchandises, qui prennent généralement fin dans des entrepôts de périphérie dans lesquels les cargaisons sont livrées pour être ensuite dispatchées jusqu'en zone urbaine dense. Autant dire que le périple de Gégé le routier prend fin bien avant de franchir le seuil de ce relais contemporain. Aux Bons Crus est donc le premier resto routier sans routier de l'histoire de France : c'est un faux parfait, une reconstitution historique d'un relais routier à l'échelle 1:1. Alors que Gégé le routier déjeune probablement dans un Buffalo Grill, un Courtepaille ou une pizzeria Del Arte – aux abords d'une sortie d'autoroute –, les cadres et les *startupers* parisiens, les touristes et les retraités du quartier jouent le rôle de figurants de ce musée vivant du folklore. Des clients qui sont arrivés sur les lieux à pied, en métro, en scooter ou en Vélib plutôt qu'en poids lourd. Réserver une table dans ce restaurant ne vous rapprochera donc pas vraiment du quotidien d'un authentique chauffeur de ce début du XXIe siècle.

En dépit de l'absence du sujet principal de la reconstitution, le restaurant a connu dès l'ouverture un certain succès médiatique et commercial. Car être une reconstitution historique n'empêche pas d'être réussi : Aux Bons Crus est une bonne adresse, les prix sont maîtrisés rapportés aux standards parisiens, et les plats rendent un hommage satisfaisant à la tradition bistrotière française. Surtout, personne dans la salle n'est victime d'une quelconque tromperie ni ne se leurre sur la véritable nature de l'établissement. Ce vrai-faux rade joue à visage découvert et tous ses clients ont conscience de déjeuner dans un faux routier.

Pure player *du faux*

Aux Bons Crus n'a rien d'un établissement en fin de parcours ou d'un vestige de temps bistrotiers immémoriaux. Il a été fondé par Félix et Margot Duman, deux jumeaux nés en 1989 qui ont eu l'idée de ce concept lors de l'ouverture d'un précédent restaurant, Les Marches, situé dans le seizième arrondissement de Paris : « notre formule repose sur une cuisine traditionnelle à prix accessibles avec une bonne carte de vins » résume Félix lorsque je le rencontre après le service du midi. « Mon père est passionné par les bistrots, il est missuphiliste, ça veut dire qu'il collectionne les vieux menus de restaurants, surtout ceux des années 1920 à 1960. Comme on voulait faire un bistrot marqué années 1950 et 1960, il a regardé ses menus et a essayé de retrouver des recettes d'époque : la tête de veau, les rognons à la dijonnaise, le chou farci, tout en les adaptant à nos goûts. Bon, il y a aussi un pot-au-feu végétarien à la carte parce qu'on est dans le onzième arrondissement ».

Le souci du détail et la fidélité historique ne s'arrêtent pas à l'assiette. Toute la décoration est conforme aux années revisitées. Mais, choix esthétique assez déconcertant pour le visiteur, le rétro a ici été livré en partie neuf : « C'est un restaurant qui a ouvert cette année, mais qui est meublé avec des objets qui datent des années 1950 et 1960 ». Les restaurateurs ont puisé dans la collection d'objets de décoration chinés par leur père, lui-même restaurateur depuis les années 1970. Quant aux pièces qui n'étaient pas disponibles, elles ont été rééditées à l'identique. « Les moulures des appliques ont été moulées sur un modèle qu'on a trouvé dans un restaurant ouvert dans les années 1980 ». Sur les miroirs fixés aux murs, un artisan a peint des cartes de vallées viticoles, imitant à la perfection les illustrations d'un livre d'époque pour reproduire les styles typographiques et les blasons des domaines. Un peintre a donné aux murs leur effet de boiseries nobles, une technique peu onéreuse en vogue dans les années 1950 et 1960 : « Comme ils n'avaient généralement pas les moyens d'acheter des boiseries, ils prenaient du bois bon marché qu'ils peignaient ensuite », m'explique Félix. Même les trompe-l'œil de l'époque revisitée ont été reproduits. Aux Bons Crus est une *period room* du bistrot français authentique des années 1960. Cette technique de la scénographie de musée consiste à présenter aux visiteurs non pas une série d'objets entreposés dans des vitrines, mais une reconstitution plausible d'une pièce de l'époque concernée : un salon, une salle à manger, une chambre à coucher, auxquels les conservateurs de musée redonnent vie.

Ce jeu temporel assumé a pour conséquence d'attirer un public très divers : si les bobos du quartier apprécient de plonger dans un décor de film des Trente glorieuses, des Parisiens plus âgés abordent le lieu au premier degré et sont ravis d'y trouver les spécialités anciennes carnées que les *fast casual* de quinoa ont banni de leurs menus… L'ouverture récente et le succès de l'établissement indiquent que nous entrons dans une nouvelle étape du rapport à la réalité historique et à la réalité tout court. Ce relais routier est le premier d'une famille de lieux amenés à se multiplier : celle des *pure player* du faux. Tout comme le jeans neuf vendu troué ou le meuble patiné à l'achat vendu chez Maison du Monde, le *pure player* du faux est un établissement qui a fait l'objet d'un vieillissement accéléré : il est livré usagé. On y consomme la seule denrée rare que le pouvoir d'achat ne pouvait jusqu'à présent offrir : de l'histoire, du temps sédimenté et concentré. Le restaurant rétro livré neuf est l'équivalent dans le monde physique du filtre Instagram qui fournit aux images une épaisseur historique instantanée. Et de la même manière que les filtres *vintage* perturbent notre rapport aux photos souvenirs des albums de notre enfance, l'existence de ces *pure player* du faux est en train de dérégule le marché des établissements authentiques. Jusqu'à une époque récente, la croissance de l'offre de bistrots, de restaurants, de troquets et de cafés authentiques était freinée par une contrainte technique très forte, celle du temps nécessaire à la maturation des projets, dans la mesure où la condition immuable pour qu'un bar soit considéré comme authentique était que celui-ci dispose d'un passé, même quand celui-ci était mythifié ou fantasmé.

Avant l'arrivée des *pure player* du faux, les restaurateurs qui souhaitaient conférer à leur enseigne une touche d'authenticité devaient donc en premier lieu reprendre un établissement déjà en service depuis de nombreuses années. Plus qu'un établissement et ses cuisines fonctionnelles, ils achetaient un patrimoine immatériel, une marque. Puis, tels des conservateurs de la bistrologie, ils dépoussiéraient le café pour révéler à un nouveau public – généralement plus jeune, plus éduqué et plus branché que l'ancien – toute sa richesse historique jusque-là ignorée ou délaissée par les précédents propriétaires. Par leurs choix de décoration, de rénovation, de préservation et de mise en valeur de certains éléments du patrimoine comme l'enseigne ou la devanture d'origine, les moulures au plafond, le comptoir en zinc ou les banquettes en cuir, ils réalisaient un travail de curation et d'édition du passé pour le rendre crédible et présentable pour une clientèle en recherche de consommation d'atmosphère vraie. « On a été les premiers dans cette veine-là : remettre au goût du jour un bar authentique sans le trahir », expliquait un serveur de Chez Jeannette, un bistrot de la rive droite parisienne, dans une interview réalisée par le magazine urbain *Le Bonbon*. Il est en fait probable que le processus se soit enclenché bien plus tôt, autour des années 1980-1990, lorsque l'Est parisien est devenu une destination pour les professionnels de la culture, des médias, de l'enseignement et de la communication. D'innombrables établissements ont ensuite connu un destin similaire. Certains citent le café Charbon dans le quartier d'Oberkampf, le café de L'Industrie à Bastille, ou encore le destin étrange de La Perle, petit café du Marais devenu un repère d'acteurs et de gens de la mode. Ces établissements changeaient de main en cours de route mais, parfois, le patron prenait conscience de son potentiel insoupçonné et repensait l'esthétique, l'atmosphère et le positionnement de son propre café pour le hisser aux standards d'une nouvelle clientèle plus esthète et le transformer en parodie de lui-même, dans un savant équilibre entre fidélité aux origines et nécessaire adaptation aux goûts et attentes des clients.

2. L'HYPER FRANCE POUR LES NULS

Les 5 piliers de l'Hyper France

Je propose de baptiser « Hyper France » cette propension à produire du néo-vieux, à jouer avec les signes de la francité et à composer un univers à partir des calques qui composent l'expérience du folklore français. L'Hyper France est un territoire symbolique, un langage visuel situé quelque part entre la réalité historique du pays et sa réécriture par l'imaginaire touristique et les codes des réseaux sociaux. De la même manière que Walt Disney a puisé la source de son inspiration dans certains traits de la culture européenne dont il était originaire, pour ensuite en proposer sa propre vision féerique et fantaisiste, l'Hyper France est la version disneylandisée du quotidien français traditionnel. Elle n'est pas une simple copie mais plutôt une amélioration de l'existant après un détour par la fiction et l'imaginaire. En cela, l'Hyper France s'inspire d'une notion théorisée par le philosophe de la consommation et des médias Jean Baudrillard, l'hyperréalité. L'hyperréalité désigne une simulation sans référent dans le monde réel, ou encore la copie de quelque chose qui n'existe pas mais qui nous paraît parfois plus réel que la réalité. De même, l'Hyper France nous apparaît comme plus française que la France ; elle est excessivement française – comme l'hypermarché est excessivement un marché – ce qui lui confère un immense potentiel commercial.

L'Hyper France désigne donc un imaginaire qui puise son inspiration dans les ingrédients du patrimoine culturel, architectural, anthropologique, géographique et immatériel français. Ces éléments familiers, souvent visuels, qui composent l'identité de la marque et de l'expérience françaises (le bistrot, le comptoir en zinc, les Gitanes, le béret, la baguette de pain, le bleu de travail) sont édités, réassemblés, réinterprétés, détournés. Le résultat obtenu est l'équivalent d'un filtre de saturation des couleurs à 100 %. On obtient ainsi une version instagrammée, boostée, concentrée et compressée du patrimoine français authentique calibrée pour l'ère des réseaux, selon la formule suivante :

▶ (FRANÇAIS + VINTAGE + POPULAIRE) x (MONTÉE GAMME + DIGITAL) = HYPER FRANCE

Décomposons-la et penchons-nous sur chacun de ses termes :

« Français » ou Astérix chez les hipsters : La Fontaine de Belleville, dans le quartier du même nom, est un de ces anciens troquets maintenus dans leur jus, mais dont l'assiette et le service ont fait l'objet d'une amélioration substantielle. Sur le comptoir, d'appétissantes petites pâtisseries de tradition (sablés, madeleines, tartelettes) disposées sous cloche de verre attirent l'œil du client. La Fontaine propose des petits-déjeuners composés de tartines au beurre et à la confiture et d'œufs à la coque accompagnés de leurs mouillettes. À l'heure du déjeuner, on peut déguster un plat simple, jambon-beurre ou croque-monsieur accompagné de sa salade verte. Si la carte ressemble à celle d'un troquet traditionnel, tous les éléments qui la composent sont, ici aussi, des versions haut de gamme de spécialités populaires. Le croque-monsieur est composé d'ingrédients de choix : un comté affiné vingt-quatre mois et l'incontournable jambon Prince de Paris. Les tartines sont servies avec un beurre *Pascal Beillevaire* et la confiture de *Raphaël.*

Thomas Lehoux, cofondateur de l'entreprise de torréfaction Belleville Brûlerie, a repris ce café avec son associé américain. Après s'être formé au cocktail à Londres et à la culture du café en Australie, dont il a importé la mode à Paris dans les années 2010, le restaurateur a compris que la clientèle parisienne ne se satisfaisait plus d'un service approximatif, ni d'une nourriture de qualité médiocre. Si son bistrot a tous les attributs du vrai rade parisien resté dans son jus, c'est parce que ses repreneurs ont été attentifs à entretenir cet art de vivre à la française. Ce bistrot a fait l'objet d'une réflexion esthétique approfondie. Car Belleville Brûlerie vend du café haut de gamme mais avant tout une expérience qui repose sur l'imaginaire de la tradition française. « Jouer sur la carte très française fait partie de notre ADN », m'explique Thomas Lehoux.

Après des années d'industrialisation de la cuisine française, revenir à la source ne s'obtient pas en claquant des doigts ou en choisissant du mobilier *vintage.* La Fontaine a conservé certains éléments d'origine qui l'éloignent du pack brocante que le promeneur de Paris retrouve désormais un peu partout : ici, nulle chaise d'écolier ou tableau noir censé évoquer les salles de classe d'antan. Pour accompagner la montée en gamme de son bistrot, le propriétaire a réalisé un méticuleux travail de curation de l'art de l'assiette à la française : chaque ingrédient, chaque boisson de sa carte a fait l'objet d'un *sourcing* spécifique auprès d'agriculteurs, d'artisans et de fabricants qui livrent des produits très soignés. « Quand on a rouvert La Fontaine après l'avoir reprise, on avait plus de cent fournisseurs ! Le comptable a complètement halluciné quand il a découvert ça, car il faut savoir que la plupart des restaurateurs ont quatre fournisseurs au maximum pour leur approvisionnement : France Boissons qui sert tous les liquides, Metro qui sert toute la nourriture… Et donc tu te retrouves avec quatre, cinq fournisseurs grand maximum. Sauf que si tu veux faire de la qualité ça n'est pas possible de fonctionner comme ça ! Nous, on a un fournisseur pour le pain, un autre fournisseur pour l'huile d'olive, un pour les jus de fruits… On entretient des relations avec eux, c'est un travail de long terme. » Le café est, bien entendu, issu de la torréfaction de Belleville Brûlerie, ce qui peut justifier son prix relativement élevé au comptoir (2,50 euros, soit le même prix qu'en salle).

« Vintage » ou tout ce qui a été vieux deviendra jeune : Tout ce qui est jugé désuet ou rétro peut être intégré au patrimoine hyper français. Si l'intervalle temporel qui sépare l'apparition d'un style de son *come-back* sous forme de citation peut varier, la seule règle à respecter est celle d'un écart entre la population qui a été exposée à un style et celle qui en fait un usage au second degré. Le routier recréé de l'Est parisien joue précisément de cette distance temporelle entre l'époque parodiée et la clientèle qui participe à la reconstitution. Comme me l'explique Félix, le patron du routier qui a huit ans de moins que moi, « la génération de nos parents a connu l'époque des routiers ; pour elle, ce logo est aussi connu que celui de La Poste. Mon père était nostalgique de ces restaurants qui lui rappelaient de bons souvenirs d'enfance ». En revanche, la suivante, celle que les études marketing ont baptisée les *millennials*, « a grandi avec les sandwiches Sodebo de station-service d'aire d'autoroute ». Elle n'a fait que croiser le temps des routiers, qui s'organisait autour des routes nationales et était déjà un monde en déclin lorsque ses membres ont vu le jour.

En raison de ce décalage, les sujets nostalgiques sont parfois victimes de l'illusion d'un passé qu'ils n'ont pas directement expérimenté. L'ethnologue David Berliner parle à ce propos d'« exonostalgie » , définie comme « un regret pour un temps que l'on n'a pas connu soi-même » ; une « nostalgie de seconde main » qui se fixe sur des traditions « détaché[e]s de l'expérience directe » vécue par le sujet nostalgique[9]. Cette exonostalgie est d'autant plus créative et inventive que son entretien repose sur des souvenirs indirects ou des reconstitutions : exposition, photographie, cinéma, publicité, graphisme, roman.

Le vintage ne se limite donc ni aux œufs durs servis au comptoir, ni au *come-back* des meubles en Formica. Les environnements et les infrastructures vintage associés aux loisirs de masse des Trente glorieuses comme les stations balnéaires et de ski, les autoroutes des vacances, la Nationale 7, les villes nouvelles, l'aéroport d'Orly, les technopoles des années 1970, font également l'objet d'une intense curiosité artistique depuis plusieurs années et sont progressivement incorporés aux productions culturelles : expositions de photos, longs-métrages, clips, publicités ; ils deviennent des objets esthétiques et de patrimoine.

Si, de nos jours, les créatifs semblent obnubilés par le milieu des années 1970, la colonisation esthétique remonte vers nous et s'étend désormais aux années 1980, comme nous le verrons lors de notre plongée dans la France « générique », période charnière durant laquelle le pays s'urbanise et se modernise tandis que la société bascule dans l'ère de la communication et de la télématique. L'esthétique et l'état d'esprit *seventies* à la française, saturés de moquettes et de mobiliers aux tons orangés, de pantalons à pattes d'Eph' et d'intégrations murales de motifs de Vasarely s'effacent progressivement pour laisser la vedette à l'imaginaire *retro-computing* de la société en réseau.

« Populaire » ou tout ce qui a été prolo deviendra cool : Créée en 2014 par deux amis originaires du sud de la France, la marque de vêtements Club Pétanque « revisite chaque saison l'univers populaire français », en particulier le mythique jeu de boules. Ses sweats et tee-shirts portés par des mannequins jeunes et beaux dans des atmosphères de vacances sont ornés d'inscriptions ironiques telles que « tireur », « pointeur » ou « triplette ». Le compte Instagram de la marque décline cet univers rétro-pétanque-chic et une prochaine collection devrait s'emparer des codes du film *Jour de fête* de Jacques Tati. Une autre marque, Gang de Paris, a construit quant à elle son univers graphique et sémantique autour des bandes de voyous parisiens aux noms désuets comme « Les Gars d'Charonne », « Les Marlous de Belleville » ou « Les Voyous de la Rue de Lappe », inscrits sur ses pulls et tee-shirts.

Après le respect de la francité et de l'historicité, l'adoption d'une coloration populaire ou traditionnelle est la troisième règle de l'Hyper France. Tout ce qui a été populaire un jour semble devoir y passer, qu'il s'agisse de loisirs (comme la pétanque), de vêtements (le bleu de travail de l'ouvrier, la blouse de l'épicier, le béret, le slip, les chaussettes), de formats de restauration (le bouillon, le relais routier, le troquet, le camion itinérant, le snack, le bar-tabac-PMU), de spécialités culinaires (le jambon-beurre, l'œuf mayo, les harengs pommes à l'huile) ou de boissons (le café, la bière), de quartiers, villes et territoires emblématiques (le quartier chaud de Pigalle, l'atmosphère populaire de Belleville, l'esthétique street art de Marseille). Les stéréotypes sociaux qui y sont associés peuvent eux-mêmes devenir des terrains d'expression fertiles pour l'Hyper France, comme c'est le cas du titi parisien, du ch'ti ou de la cagole. Le *Tour de la France par deux enfants*, manuel d'histoire et de géographie culte distribué dans les écoles sous la IIIe République, dans lequel deux jeunes Français partaient à la découverte des traditions locales de leur pays à des fins pédagogiques et de construction du roman national, a laissé place à une sorte de « Tour de la France parodique par les hipsters ». À noter qu'il convient de conjuguer le populaire au passé pour produire l'effet d'authenticité escompté : sans la variable *vintage*, la magie n'opère plus et le populaire contemporain passe le plus souvent pour *beauf*.

« Digital » ou la transition numérique de la France analogique : Première tendance post-internet à influencer le monde physique – la nourriture, la décoration, la mode vestimentaire –, l'Hyper France est en quelque sorte une transition digitale de la France analogique. Elle s'inscrit dans une intensification de la concurrence pour capter l'attention des badauds des réseaux sociaux. Le moindre petit bistrot de quartier, l'auberge familiale de territoire rural, la place de village en automne : toute prise de vue se doit d'être hissée au niveau des standards numériques contemporains, ceux propagés par les magazines *lifestyle* de table basse et les comptes Instagram de tourisme.

Dans le quartier de Belleville par exemple, le café La Fontaine est en concurrence avec des *coffee-shops* d'inspiration anglo-saxonne et toutes sortes de restaurants de cuisine du monde réinventés aux normes Fooding. En 2018, proposer une expérience de déjeuner à la française n'est plus la proposition commerciale par défaut, c'est une stratégie économique et esthétique qui correspond à un segment de marché parmi d'autres, d'où l'importance de promouvoir cette offre avec les mêmes armes que les établissements voisins.

À La Fontaine, la première chose que le promeneur remarque est une rangée de petites tables rondes bleu ciel et de chaises en osier blanc et or parfaitement alignées, formant une bannière qui accroche immédiatement le regard et convoque instantanément des images familières du patrimoine français. Thomas Lehoux m'a expliqué qu'il avait sélectionné ces chaises chez Gatti, une entreprise française qui fabrique du mobilier en rotin tissé pour les terrasses des bars et cafés prestigieux depuis 1920. Les chaises Gatti sont un des éléments les plus immédiatement identifiables des terrasses parisiennes : elles fonctionnent comme une métonymie de la Ville lumière. Sur le compte Instagram du rade hyper français – un des plus soignés de la nouvelle vague de bistrots parisiens – ces chaises sont mises en scène et les visuels obtenus deviennent de véritables odes au patrimoine français rétro. Difficile de ne pas céder au rituel de l'instagrammisation dans ce petit musée du folklore parisien du milieu du siècle dernier. « Les étrangers qui viennent à Paris s'imaginent que tous les cafés parisiens ressemblent aux Deux magots ou au Café de Flore », explique le patron. Des attentes qui engendrent une forte déception quand ils s'arrêtent au bistrot du coin. L'approche des repreneurs de La Fontaine répond à cette envie de France qu'expriment les étrangers. Mais, et c'est toute l'ironie, elle vise aussi le marché local, celui d'une génération de « natifs numériques » pour laquelle la réalité passe parfois pour morne et fade lorsqu'elle est soumise à un « étalon-image » hipster qui devient peu à peu le critère d'évaluation universel. De fait, les *millennials* ont pris l'habitude de consommer des shoots d'authenticité proposés sous la forme de packs d'expériences. Depuis quelques années, les restaurateurs ont opéré leur propre transition digitale pour se hisser au niveau de ce nouveau standard, au point qu'il est devenu commun de faire appel à des agences de design d'intérieur et de décoration qui savent rendre un bistrot propice au partage sur les réseaux[10], et qu'il n'est plus rare de tomber sur des recettes pensées et réalisées pour être partagées avant dégustation sur Instagram.

Par leur purisme bistrotier, les lieux de l'Hyper France célèbrent la rencontre harmonieuse des paysages de la France profonde des sous-préfectures, des routes secondaires et des bars-tabacs photographiés par Raymond Depardon avec la culture visuelle des influenceuses *food-travel-lifestyle* qui règnent sur les fils Instagram de tendances urbaines. Dans l'Hyper France, le bistrot sans qualité est progressivement remplacé par la commercialisation des signes du vrai rade français pour une clientèle capable de décoder cette signalétique. Une sorte d'expérience sémiotique totale, qui va de l'assiette au fil *Insta*.

« Montée en gamme » ou la mise aux normes hipster du patrimoine : Cette transition digitale du patrimoine français vers l'Hyper France s'accompagne d'une dynamique de montée en gamme, à l'issue de laquelle ce qui entre

dans l'usine hyper française en ressort plus beau, plus soigné, de meilleure qualité… Et généralement plus cher. Le cas de la Fontaine de Belleville illustre parfaitement ce processus. Quand il lance la formule du *coffee-shop* à l'anglo-saxonne avec le café Ten belles (depuis revendu), le cofondateur de Belleville Brûlerie, Thomas Lehoux, répond à une attente nouvelle : « c'était une autre façon d'aborder la restauration, un peu comme d'être chez tes potes. On avait obtenu un équilibre entre l'ambiance, conviviale et fun, et un certain standing ; ce qu'on servait était toujours délicieux, on le servait toujours avec soin, tout était *clean*, mais dans une ambiance un peu bordélique ».

Pourtant, le restaurateur se rend vite compte qu'en dépit du succès commercial et médiatique du *coffee-shop*, le concept a été plaqué sans finesse ni attention au contexte français. Plusieurs éléments de la culture *coffee-shop* contreviennent trop frontalement aux us et coutumes des consommateurs locaux. C'est le cas de la disposition des objets, avec la machine à café posée sur le comptoir, faisant obstacle à la discussion entre le barista et le client, là où dans un troquet à la française on placera la machine à l'arrière du bar pour privilégier l'échange. Autre incongruité : le principe du *take away* qui consiste à commander son café à emporter et qui reste étranger aux pratiques locales… « Or notre objectif, poursuit le cafetier, était de toucher les gens qui n'auraient jamais mis les pieds dans un *coffee-shop* parce que c'est trop marqué hipster pour eux ». D'où l'idée de génie : « Faire des *coffee-shops* avec les codes et la gueule d'un troquet français. » Autrement dit : conserver ce qui est considéré à l'unanimité comme une amélioration par rapport au modèle parisien – une certaine décontraction alliée à un service courtois et à une offre alimentaire simple mais de qualité – mais sans le décorum minimaliste à la scandinave qui s'affiche désormais en série dans les quartiers branchés des métropoles. Le résultat est un hybride entre l'atmosphère du *coffee-shop* hipster, l'esthétique du folklore à la française et la culture Instagram. La Fontaine de Belleville a généré un croisement inédit du troquet dans son jus et de la culture du *latte art*, une rencontre post-moderne entre l'histoire de France et celle d'internet.

▸ LES TROIS STADES DE L'HYPER FRANCE

I. L'ancien réinventé

Établissement ancien rénové ou réhabilité. Carte améliorée et inspirée de son modèle historique, montée en gamme. *La Fontaine de Belleville.*

II. La reconstitution historique de la *period room*

Établissement neuf. Carte améliorée et inspirée de son modèle historique, hyperfidélité à l'ancien. *Aux Bons Crus.*

III. L'hyper vrai

Établissement neuf. Carte sans rapport direct avec le modèle historique, qui ne sert plus que de lointaine inspiration thématique, disneylandisation. *Big Fernand.*

3. VERS UN DISNEYLAND DE L'AUTHENTICITÉ ?

Les Trente glorieuses plus le Wifi et sans le gluten

Si l'Hyper France fonctionne aussi bien, c'est parce qu'elle répond aux nouvelles attentes de consommateurs urbains et éduqués, lancés depuis plusieurs années dans une recherche frénétique de signes d'authenticité dans leur consommation quotidienne comme dans leurs modes de vie. Elle rend un hommage parfois sincère, parfois ironique à une tradition que tout le monde apprécie tout en l'adaptant aux goûts, à l'imaginaire et aux valeurs de nos contemporains. Cette notion d'adaptation est capitale : si tout le monde parle d'authenticité et rêve de retrouver le vrai, la fidélité historique est souvent le plus court chemin vers le désastre esthétique, gastronomique et commercial.

Les nouveaux cafés rétro proposent une version apaisée de la nostalgie française. Ils constituent une amélioration par rapport à la tradition dont ils se revendiquent et qu'ils nous promettent sur leur devanture. S'ils gardent une familiarité lointaine avec les troquets fréquentés par les personnages interprétés par Jean Gabin, c'est dans le sens où une superproduction hollywoodienne des années 2000 conserve un lien de parenté avec le film français des années 1960 dont elle constitue le *remake*. Ces établissements n'ont conservé de l'esthétique du *Quai des Brumes* que quelques signifiants purs, proposant pour le reste l'accès Wifi, le sans-gluten, les portions adaptées aux *foodies* et les menus traduits en anglais. Le jambon-beurre authentique que vous y dégustez est une version nettement supérieure au souvenir que vous en avez peut-être gardé, et qui a pu être déformé par la nostalgie. C'est un hyper jambon-beurre qui n'a que peu à voir avec son ancêtre de bistrot.

Adoptant les larges baies vitrées qui se sont imposées dans l'aménagement des cafés à la mode, les nouveaux lieux de l'Hyper France sont baignés de lumière, au contraire du petit bistrot dont les rideaux préservaient l'intimité des clients dans des atmosphères enfumées, bruyantes et confinées.

On peut facilement prendre la mesure de la distance qui sépare les lieux de l'Hyper France des vestiges qui subsistent sur le territoire de la France analogique en se rendant chez un « routier » authentique, comme celui qu'on trouve boulevard de la Chapelle dans le dix-huitième arrondissement de Paris. Dans cet établissement qui a survécu à toutes les évolutions de tendances au point de cohabiter aujourd'hui dans le même espace-temps que l'Hyper France, on ne sert qu'une bière industrielle – la Stella. La décoration n'est pas vraiment vintage, ni même rétro, plutôt vieillotte et dépareillée, avec du carrelage des années 1980, un faux plafond en dalles, des néons et du coffrage en bois sur les murs là où il aurait fallu gratter pour retrouver la brique de construction ou la structure en béton. Une affiche publicitaire *eighties* pour les huîtres Marennes-Oléron a eu le temps de jaunir derrière le comptoir. Les portes des frigos sont certes en Formica, mais un Formica encore en service, pas un Formica muséifié, mis hors circuit pour être ensuite réutilisé comme émouvant témoignage décalé des passions esthétiques de nos grands-parents. Les nappes en papier, la moutarde servie dans son contenant de plastique jaune, les petits sachets de ketchup : l'ensemble donne une impression d'empilement et de bricolage historiques qui déçoit le visiteur idéaliste en quête de pureté et d'absolu jusque dans son pavé de rumsteack.

Si le réel peut décevoir, un choc d'intensité supérieure s'emparerait de quiconque trouverait le moyen de se transporter dans le passé pour prendre l'apéritif en compagnie de vrais gens des années 1970, dans un vrai troquet parisien à l'ancienne. Notre Marty McFly des Trente Glorieuses serait probablement étouffé par l'odeur de cigarette. Le goût des plats, l'âpreté des vins ordinaires que consommaient majoritairement les Français, les blagues graveleuses, les remarques racistes, bref… l'évidence de l'immense décalage culturel qui sépare la France de Jean Gabin de celle des bobos du canal Saint-Martin le frapperait et l'inciterait vraisemblablement à retourner au plus vite dans son époque. À l'opposé de cette édulcoration du passé, d'autres se lancent dans la recherche jusqu'au-boutiste de ce que Michel Houellebecq qualifie dans son roman *La carte et le territoire* d'« expérience gastronomique *vintage*, voire *hard-core* » du terroir. Couronné par le prix Goncourt en 2010, ce roman est resté célèbre pour sa description finale d'un village de la Creuse qui se réinvente au second degré et se transforme en parc touristique de la tradition française[11].

Quand le faux surpasse le vrai

Après avoir passé trois mois à tester tous les néo-bistrots répertoriés par le *Guide du fooding* qui recréent une ambiance hyper française calibrée pour Instagram, on prend conscience que ces lieux sont devenus des foyers de radicalité et de purisme esthétique et culturel contre lesquels la réalité historique ne peut plus vraiment lutter. L'enseignement de cette plongée dans l'Hyper France, c'est que le détour par le faux peut nous donner plus de sensations que le vrai.

Cette thèse de la supériorité du faux sur le vrai a été avancée par Umberto Eco, sémiologue et romancier italien, lors d'une série de reportages effectués aux États-Unis dans les années 1970 sur le thème du faux absolu[12]. Le circuit touristique d'Umberto Eco obéissait à une approche théorique simple : plonger dans les abîmes de la fausseté en choisissant un des pays considéré comme le plus artificiel, les États-Unis, puis visiter en son sein les lieux qui célèbrent le faux pour en dresser une typologie. L'auteur visite en premier lieu des « *ghost towns* » et des « fausses villes » de *western* qui reproduisent la vie des pionniers américains, un peu à la manière de la série *West World*, puis des « villes jouets » entièrement consacrées au divertissement, comme Las Vegas.

Dans un pays neuf où les vestiges antiques font défaut, les musées doivent se contenter de copies. Mais, et c'est là que réside le génie américain, quitte à imiter une statue grecque ou un temple romain dont on ne possède pas la version originale sur son sol, pourquoi ne pas proposer au visiteur une reconstitution améliorée par rapport aux vestiges ? C'est ainsi qu'Eco va se retrouver face à une reproduction de la *Vénus de Milo* à laquelle on a rendu ses bras et ses couleurs d'origine. Première constatation : dans les parcs à histoire que sont les musées, on booste le faux pour le faire ressembler au vrai, quitte à le surpasser.

La prise de conscience de la supériorité du faux sur le vrai a lieu graduellement, à mesure que l'auteur s'enfonce plus profondément dans les strates de fausseté, dans des lieux dénués de tout tissu archéologique préexistant, de villes nées « par pure décision imitative ». C'est précisément le cas de l'univers des parcs Disney, dont la conception a obéi au seul délire de leur créateur.

Contrairement aux fausses villes qui s'inspirent dans leurs reconstitutions de la vie qui s'y est réellement déroulée, les parcs Disney, identifiés comme le stade ultime du *Fake*, s'intéressent assez peu à la reproduction du vrai et s'émancipent même totalement de cet impératif d'authenticité. « Le musée tente encore de nous faire croire que ce que l'on voit reproduit fidèlement la réalité, tandis que Disneyland dit clairement que dans son enceinte on ne reproduit absolument que la fantaisie », remarque le sémiologue. C'est en tout cas ce qu'il observe en participant aux attractions Disney dans lesquelles des automates remplacent les animaux de la nature. Quand on part en safari observer des crocodiles (vraie nature), ou qu'on visite un zoo (reproduction de la nature acclimatée), on n'en aperçoit que rarement. Après ces expériences décevantes en situation réelle ou dans un environnement artificiel qui tente de s'en approcher, « on risque de regretter Disneyland où les animaux sauvages ne se font pas prier », avertit le sémiologue. « Disneyland ne produit pas seulement de l'illusion, mais – en la reconnaissant – elle en stimule le désir : on peut trouver un vrai crocodile même dans un zoo, et habituellement il sommeille et se cache, tandis que Disneyland nous dit que la nature falsifiée répond davantage à nos exigences de rêve éveillé. »

La leçon de cet exemple, c'est que « Disneyland nous dit que la technique peut nous donner plus de réalité que la nature. » Ce faisant, Disney invente un nouveau rapport à la réalité, dans lequel la simulation prend progressivement le pas sur son référent. Disney n'imite pas la réalité, mais au contraire « peut se permettre de vendre ses reconstructions comme des chefs-d'œuvre de faux ». Or selon Eco, nous préférons un « aventureland » de l'authenticité. Le *fake* routier et les néo-bistrots dans leur jus nous servent un vrai packagé qui a pris son autonomie par rapport à la réalité à laquelle il se référait à l'origine. Et nous aimons cela. Un peu comme la redécouverte du zoo ou du fleuve après un détour par l'attraction Disney, l'*authenticité authentique* est à la fois trop authentique et pas assez pour la sensibilité et l'œil contemporains.

En somme, ce qui se joue avec le fétichisme du bleu de travail repositionné comme vêtement d'apparat ; la culture visuelle qui détourne le patrimoine symbolique des quartiers chauds comme Pigalle ; la fascination mi-nostalgique, mi-ironique pour la France profonde ou la culture cagole ; et plus généralement la place qu'occupe le folklore populaire vintage français dans les modes de consommation actuelle, c'est une vaste commercialisation de notre passé ou plus exactement de son image. Et c'est l'autre enseignement crucial du voyage d'Umberto Eco. Le faux est, le plus souvent, une technique commerciale. La *Main Street* du parc Disney, une allée qui imite l'artère commerçante principale de la petite ville américaine des westerns, est équipée de véritables magasins. C'est « une foire commerciale qui semble faire partie de la fiction mais qui en réalité constitue le but lucratif de toute cette machinerie imitative », constate le sémiologue italien entre deux traversées sur le bateau pirate de Disney World. Tout parc d'attraction « intègre la réalité du commerce dans le jeu de la fiction, écrit Eco, et si l'épicerie est feinte et la vendeuse habillée come une héroïne de John Ford, les nougats, les noisettes, les objets pseudo-artisanaux indiens sont réels et réels sont les dollars qui sont demandés en échange ».

▶ BIG FERNAND OU L'ULTIME STADE DU *FAKE*

Big Fernand est la chapelle Sixtine de l'Hyper France : un pur acte d'invention qui s'est entièrement émancipé de son lointain modèle. Le concept de cette chaîne de restauration consiste à vendre des « hamburgés », soit une version se présentant comme française et même franchouillarde de la spécialité de fast-food nord-américaine. Un anachronisme flagrant, comme le signale l'association d'un prénom hyperfrançais – Fernand – et d'un adjectif anglais pour désigner l'enseigne – « *Big* ». Lorsqu'il pénètre dans un de ces « Ateliers du hamburgé », le client Big Fernand est accueilli par des « Fernand de salle », en charge de la présentation du menu et du contact client. Ces caissiers portent une petite moustache à la mode IIIe République, sont vêtus d'un uniforme composé d'une chemise à carreaux de bûcheron, d'un tablier et d'une casquette plate qui évoque le béret. Le manager de chaque restaurant occupe quant à lui le titre de « Tenancier ».

Les six recettes de base des hamburgés ont été nommées en référence à des prénoms désuets, qui ont connu un regain de popularité au début du XXe siècle : outre le Big Fernand, on vous proposera un Bartholomé, un Victor, un Basile, un Paulin ou encore un Lucien. L'originalité des recettes repose sur le choix d'ingrédients de terroir français à la charge identitaire très forte : la raclette des Alpes au lait cru pour le Bartholomé, la fourme d'Ambert pour le Victor, le tout agrémenté d'une sauce dont la paternité est attribuée à de mythiques « Tata Fernande » et « Tonton Fernand ». Comme dans un menu de *fast-food,* ces hamburgés sont accompagnés de « Fernandines », prénom féminin donné aux frites maison, et d'une boisson originale à choisir parmi « les *Élixirs* » concoctés par un imaginaire Archibald Fernand, soit une gamme de limonades artisanales dont chacune porte un petit nom pittoresque.

L'analogie avec l'univers Disney saute aux yeux : même le touriste japonais le plus largué a conscience qu'il entre dans une fausse échoppe française lorsqu'il mange chez Big Fernand. L'enseigne ne reproduit même plus de la vraie France mise en scène, mais une pure fiction post-française qui s'assume comme telle et qui joue avec les codes de sa propre fausseté.

Le fondateur de Big Fernand a récemment lancé un nouveau concept autour de la charcuterie. Baptisée « Cul de Cochon », cette marque qui « mise sur un snacking charcutier authentique[13] » garanti « sans cochonnerie » propose dans ses points de vente parisiens un sandwich baptisé « douiche », composé de charcuterie et de fromage de terroir français. « Fermes, producteurs ou coopératives, nous avons sillonné les petites routes de campagne pour les rencontrer un à un, connaître leurs valeurs et goûter chaque produit », annonce le site internet.

4. LES EXCLUS DU VILLAGE ASTÉRIX

La montée en gamme des quartiers hyper français

Dès les années 1960, le philosophe de l'urbanisme Henri Lefebvre constatait que plus la vie en ville se modernisait – culminant dans le modèle de la ville nouvelle – plus la ville ancienne acquérait un certain cachet et se réinventait « comme nostalgie, comme image du pittoresque, comme valeur d'échange commercialisée et organisée au nom des loisirs[14] ». Précurseur, Lefebvre avait compris que ces quartiers anciens prenaient le chemin d'un peuplement élitiste. Il avait aussi vu venir de très loin le mouvement de consommation des signes du passé qui est devenu la marque de notre époque : « Comment se fait-il que l'on restaure le centre des villes, plus ou moins abandonné, pourri, détérioré ? Pourquoi les gens de cinéma et de théâtre, ainsi que les grands bourgeois cultivés quittent-ils les "beaux quartiers" et les "banlieues résidentielles" pour s'installer dans ces noyaux reconstitués ? [...] Pourquoi les gens "aisés" se précipitent-ils vers les antiquités, les meubles de style[15] ? ».

La gentrification, c'est-à-dire la montée en gamme sociale et culturelle de portions du territoire réputées populaires, est la conséquence territoriale directe des mécanismes à l'œuvre dans l'Hyper France. L'arrivée d'artistes, de créatifs et d'intellectuels, de professionnels de la culture et de cadres du privé dans ces quartiers modestes s'accompagne d'une réécriture hyper française du folklore local populaire, largement perturbé par ces arrivées. Cette transformation est particulièrement palpable dans les quartiers de l'Est parisien, dans lesquels tout bistrot ou restaurant sophistiqué se doit de rendre hommage aux traditions populaires autochtones. Dans le Belleville contemporain, on consomme la vitrification d'un passé conforme à la version qu'en a capturé le photographe Willy Ronis dans les années d'après-guerre : des clichés en noir et blanc. Depuis l'entrée dans le nouveau millénaire, l'Est parisien est devenu ce parc d'attractions du vintage d'autant plus obsédé par l'entretien de sa mémoire ouvrière que sa population de prolos a été remplacée par des professionnels de la manipulation de signes et d'abstractions[16]. Ce brouillage symbolique peut servir une certaine euphémisation de la position sociale des nouveaux arrivants, touristes d'un vaste parc du folklore populaire. L'alliance du décalage temporel propre à l'Hyper France et de sa dimension populaire aboutit à un curieux paradoxe : les symboles associés aux classes populaires sont appropriés et consommés par les nouveaux habitants, de sorte que, dans ces territoires, « la classe moyenne d'aujourd'hui ressemble à la classe ouvrière du passé », selon l'expression de la sociologue américaine Karen Bettez Halnon[17]. Au moment où les classes populaires tiraient leur révérence et s'effaçaient du paysage urbain central français, les nouveaux occupants du territoire leur dressaient un culte à titre posthume.

Déclassement esthétique et disparition digitale

En parallèle de la gentrification, l'Hyper France est porteuse d'un autre écueil, celui de la menace d'un certain déclassement esthétique simultané de tous les lieux de la France banale et usuelle, effacés de la carte géographique et mentale hyper française. Comme l'a constaté le sociologue Jean Viard, les Français sont de plus en plus sensibles à la qualité des lieux et des environnements et la « mise en désir touristique de l'Hexagone » a redistribué les cartes[18]. L'imaginaire touristique lié au soleil, au patrimoine, au littoral et à la qualité de vie est devenu capital pour l'attractivité des régions. Or, dans cette guerre de l'image, tout le monde ne dispose pas des mêmes atouts, « et si tous les territoires touristiques ne se développent pas de la même manière, un territoire sans aucune attractivité touristique est devenu, je le crains, difficile à développer », observe le sociologue, « car le tourisme est coproducteur des images que véhicule notre monde médiatisé et du bien-vivre des lieux. »

En négatif de cette France belle et désirable, il y a, selon Viard, « une France de l'ombre, de non-lieux, ou plutôt d'anciens lieux, dont on ne parle (trop) généralement que lors de faits divers ». Celle de la désindustrialisation, des banlieues de grands ensembles, du rural périurbanisé, des villes moyennes en déclin, de la fameuse « France moche », celle des ronds-points que l'aménagement du territoire de la fin du siècle dernier a produit par dizaines de milliers pour raccorder les villes aux lotissements pavillonnaires, aux centres commerciaux et aux zones d'activité tertiaire. Celle aussi, d'une façon ironique, des routes nationales au bord desquelles s'implantaient les restos routiers, des axes de circulation aujourd'hui relégués dans le réseau secondaire. Des zones de sous-France et de non-France côtoient ainsi celles de l'Hyper France et sont en quelque sorte l'envers de son décor, son *back-office* plongé dans l'ombre.

Or les deux types d'espaces, non-France et Hyper France, n'occupent pas du tout les mêmes superficies. Selon le mécanisme du *winner-take-all* qui organise la vie à l'ère numérique, seuls quelques minuscules confettis sur la carte de France concentrent l'essentiel des posts Instagram alors qu'un vaste territoire sans qualité, beaucoup moins attractif et photogénique, est voué à l'oubli et ne laisse pas de trace numérique de son existence. « On se serait cru à Koh Phi Phi, ou à Saint-Paul-de-Vence, bien plus que dans un village rural de la Creuse », écrit Michel Houellebecq à la fin de *La carte et le territoire*, évoquant la commune où réside le personnage principal qui s'est transformée en village fleuri entouré de maisons « bâties dans un respect maniaque de l'habitat traditionnel limousin ». Comme dans le roman de Houellebecq, l'Hyper France met sur un piédestal des échantillons du territoire au risque d'invisibiliser des parties bien plus étendues qui tendent à devenir d'immenses zones blanches esthétiques. Il est évident que des communes comme Rosny-sous-Bois, Vésoul ou Nogent-Le-Rotrou n'ont aucune chance de surnager dans la compétition hyper française qui s'annonce. C'est au cœur de ces territoires mis en sourdine par la quête désormais obsessionnelle d'authenticité que notre tour de France fera étape dans la prochaine partie.

Jusqu'à l'écœurement ?

À mesure que la nouvelle industrie de l'authenticité refaçonnait la ville à l'image de ses fantasmes de vrai, fournissant à une nouvelle population désenchantée des séjours éclair dans le passé identiques à de petites vacances temporelles, certains sont entrés en dissidence. C'est ainsi que j'ai rencontré Luc, un jeune consultant que j'ai longuement interviewé après avoir appris qu'il tenait « un fichier Excel des lieux parisiens authentiques ». « C'est un répertoire de bonnes adresses qui répondent à mes critères de consommation », m'a-t-il expliqué. À ma grande surprise, Luc n'était pas fétichiste du kit formica-banquette-de-skaï-zinc qui définit aujourd'hui l'authenticité recalibrée et éditée, mais évaluait plutôt cette authenticité à l'aune d'une certaine ambiance. « Il faut que je sente que le lieu peut répondre à certaines descriptions comme "dans son jus", "indépendant", "incarné". Et là où je sens que c'est incarné, c'est quand l'ambiance du lieu tient à la personne qui en est le gérant, ou alors à un salarié qui est particulièrement drôle, fantasque ou sympathique. Quand c'est l'humain qui est en avant. »

Derrière son intransigeance, Luc n'est pas l'obsessionnel du vrai en quête de pureté originelle que j'imaginais. Ce qu'il recherche, c'est l'incapacité à mentir, à faire semblant, à feindre l'élégance, la perfection, la décontraction. Il me cite un exemple parlant : « Quand j'étais petit, il y avait un restaurant italien où j'allais avec mon grand-père, et qui s'appelait Le Vesuvio. Il y avait un serveur pakistanais qui prenait l'accent italien, avec une identité italienne complètement fausse. Mais ce restaurant n'a jamais changé. Et je me sens une obligation en tant que consommateur de continuer à y aller. » L'authenticité approximative et humaine de ce restaurant sonne finalement plus vraie que l'hyperitalianité d'une chaîne de restaurants comme Big Mamma, dans laquelle les salariés sont tous de vrais italiens qui s'adressent d'une voix forte – accompagnée de grands gestes de la main – aux clients dès que ces derniers franchissent la porte.

Notre improbable discussion se déroule dans une pizzeria du IXe arrondissement de Paris située dans le quartier encombré, touristique et globalement dénué de caractère des Grands Boulevards. Nous sommes à la terrasse de cet établissement d'angle, froid et sans charme, mal abrité du vent, à quelques mètres d'ouvriers en train d'éventrer la voirie et d'un camion dont l'avertisseur émet un désagréable son strident en reculant sous notre nez. Le cadre est bruyant, les plats se font attendre, le service se distingue par une nonchalance typiquement parisienne. Pourtant, passé au crible des critères de mon camarade de discussion, cette pizzeria est justement un endroit… authentique. « Regarde le serveur, m'indique Luc en expert. il est venu habillé comme il se fringue tous les jours, ça se voit. Quand tu es dans un restaurant franchisé, le serveur est habillé aux couleurs de la marque. Il y a une opération symbolique qui se déroule : tu retires l'identité stylistique de la personne. La marque vient s'intercaler entre toi et la vraie personne qui rend le service. »

Pour mieux me faire comprendre l'importance qu'il accorde à la relation humaine, Luc me montre la chemise qu'il porte ce jour-là : « Quand j'ai acheté cette chemise, j'étais chez un artisan. Et je me souviens encore de la ganache de la vendeuse ! Rien à voir avec un Uniqlo, où les vendeuses sont des CDD qui tournent tout le temps. Dans ces lieux franchisés, tout est fait pour niquer notre identité humaine. » Ce que Luc déteste par-dessus tout lors d'une transaction commerciale, ce n'est pas qu'il soit question d'argent entre les gens dans certaines situations, mais que le commerce prenne « une forme désincarnée », en particulier à Paris où cette tendance lui semble devenir hégémonique. Luc aime au contraire les lieux tenus par des « gueules », des vrais gens, « comme ceux de la chanson *Les Vieux mariés* de Sardou : le gars et sa femme qui ne prennent des vacances qu'une fois l'an », précise-t-il.

Mais voilà, il y a un prix à payer pour cette authenticité, et mon interlocuteur en est tout à fait conscient. Son attirance pour les lieux et les patrons authentiques suppose qu'il renonce par ailleurs à certains standards de qualité qu'on ne trouve que dans les lieux qu'il juge trop propres et trop marketés, mais qui correspondraient à son standing de vie. « Quand des jeunes branchés d'école de commerce ouvrent des restaurants, souvent tout sera chiadé, parce qu'ils ont grandi avec l'impératif écologique, biologique, et je fais au final beaucoup plus confiance à un hipster qu'au gars qui a un restaurant à l'ancienne et qui va se fournir chez Metro. » C'est précisément ce changement de culture au sein de la profession qu'identifie Thomas Lehoux, le cafetier de La Fontaine de Belleville : « Le modèle à la française du bistrotier de base, qui était un père avec sa femme en cuisine et ses gosses qui travaillaient le week-end, a disparu. Dans la plupart des bistrots de ce type, les patrons tenaient parce qu'ils se payaient au *black* et qu'ils pouvaient faire travailler leur famille. Moi je déclare tout le monde, et il n'est pas question que je rémunère un peu moins un employé si le chiffre d'affaires d'une année est en baisse par rapport à la précédente ! » Les restaurateurs se sont donc mis aux normes légales, financières, sociales, esthétiques. Une certaine idée de l'authenticité a pu pâtir de cette modernisation par ailleurs présentée unanimement comme facteur de progrès.

Luc n'est pas le seul « résistant » sensible aux charmes de la maladresse du vrai. Margaux, journaliste parisienne, attentive aux modes et aux tendances, me fait part de sa propre définition du lieu parisien authentique à travers l'exemple d'un bar qui a subi les conséquences de la course à l'authenticité : « Par exemple il y avait un café que j'aimais bien rue Turgot à Paris, et qui s'appelait justement Le Turgot : jusque-là ma foi, rien à dire. Mais ils ont voulu le transformer en truc parisien "authentique", et le lieu s'appelle désormais Jolie Môme. À l'intérieur il y a des affiches Belle Époque du Moulin Rouge : ça n'est plus authentique du tout. Je préférais mille fois quand c'était Le Turgot et que c'était un bar normal. Qu'on remplace Le Turgot par autre chose ne me dérange pas, qu'on le remplace par autre chose qui est censé être plus authentique que lui, là ça me dérange. Le lieu existait, il était là et il se contentait d'être lui-même. Et il n'y a rien à changer à ça tu vois. » La même démarche affectée agace Margaux quand elle compare son quartier de la rive gauche, authentiquement chic et bourgeois, à la fausse décontraction qui règne dans le quart Nord-Est bobo parisien. « J'habite dans un petit appartement dans le VIIe arrondissement, et de fait je trouve que c'est authentique parce que c'est un quartier riche, avec des restaurants de riches, et que ça ne prétend pas être un truc de hippies. Alors que dans le Xe arrondissement où habitent mes amis, il y a des restaurants tout aussi chers mais dans lesquels les bancs sont inconfortables parce que ça prétend être authentique. »

Cet agacement légitime vis-à-vis de la recherche frénétique d'authenticité pousse Margaux à poser des jugements radicaux sur l'esthétique parisienne. « Ce qui est faux, ça n'est pas un truc en particulier, c'est la notion d'authenticité elle-même, et on le voit particulièrement à Paris : ils vont essayer de recréer une France authentique, mais vu qu'elle sera recréée elle ne pourra pas être authentique. À l'inverse, Michel Houellebecq habite dans le XIIIe arrondissement de Paris, c'est un endroit authentique dans la mesure où il ne prétend pas recréer un Paris rêvé : c'est un Paris de tours, avec un centre commercial, Italie 2, et je comprends qu'on puisse vouloir habiter dans un tel endroit. Et pour aller jusqu'au bout du raisonnement, j'ai l'impression que pour retrouver une sensation d'authenticité, tu te retrouves à aller dans des endroits comme le McDo, parce que c'est un McDo et que ça ne prétend pas être autre chose. »

▶ SÉLECTION DE CRITIQUES DE RESTAURANTS HYPER FRANÇAIS

Le Café du coin
9 Rue Camille Desmoulins, Paris 11^e
Télérama

C'est un bistrot d'angle discret, derrière la place Léon-Blum, qui revit grâce aux équipes du Jones et des Pères Populaires, qu'on aimait déjà beaucoup. Derrière les tables en Formica jaune, 80 % de la salle porte un sweat à capuche (comme moi) et 50 %, une barbe ou un tatouage. Les bobos ont bon goût, car ils s'y régalent d'un fringant menu du marché, riche en légumes de saison : pizzetta à la trévise et à la raclette (dont la garniture varie régulièrement), hélianthi (un cousin du topinambour) caramélisé avec salade de choux kale, tendre ricotta et pignons grillés... Poché dans un bouillon de champignons et posé sur un lit de poireaux et de navets boules d'or, le lieu jaune est à son aise, et la salade d'agrumes aux épices et glace au fromage blanc, un vrai soleil dans l'assiette, le tout à prix serré, comme l'expresso final. Au coin, certes, mais avec une médaille plutôt qu'un bonnet d'âne !

Buffet
8, Rue de la Main d'Or, Paris 11e
Time Out

Viens voir chez mamie si j'y suis

Pour qui ? Ceux qui aiment beaucoup leur mamie chérie. Plat culte ? La carte change chaque jour mais scrutez les beignets.

Sets de table à carreaux rouges et blancs, tables en Formica et tableaux old school, Audrey Jarry et Jean-Charles Buffet ont donné un coup de « vieux beau » bien pensé à cet ancien restaurant. Résultat ? Un rade de quartier fort sympathique où il fait bon d'atterrir après s'être pris une averse sur le coin du nez.

En cuisine, l'Australien Christopher Edwards (ancien sous-chef du restaurant Au Passage, l'autre établissement du couple) débite une cuisine encore mieux ficelée que chez mémé. Au déjeuner, on ne se refuse surtout pas la formule entrée-plat-dessert à seulement 19 € et on va même jusqu'à tâter un demi d'*IPA* de la Brasserie de Saint-Omer.

Le repas de famille débute par un velouté de topinambours qui fait tout sauf la soupe à la grimace et livre toute sa superbe avec les quelques feuilles de sauge qui flottent à sa surface. On navigue vers d'autres horizons heureux avec le hareng mariné accompagné de pommes de terre al dente, de rondelles d'échalotes bien pêchues, d'un peu de moutarde à l'ancienne et, pour rafraîchir l'ensemble, quelques pluches d'aneth et des dés de pomme. Il faudra partager cette idée de génie avec mamie ! Comme s'il nous en fallait plus pour avoir envie de revenir, débarquent de dodus beignets aux pommes qui nous propulsent directement en enfance. Ils sont beaux, ronds et chauds, on les mange avec les mains et on se lèche les doigts jusqu'au dernier grain de sucre. Mémé, sois tranquille, chez Buffet, la relève est assurée !

Par Jill Cousin

L'Hydromel Café
9 Rue Denoyez, Paris 20^e^
Newsletter Gustave & Rosalie

L'Hydromel Café : l'âme de Belleville

Rosalie a palpité au rythme de la *Fashion Week* dans les bars à cocktails, les néo-bistrots et les restos les plus désirables de Paris. Seulement, ces endroits finissent par tous se ressembler. Rosalie adore, c'est beau, c'est bon, c'est nouveau, mais elle a soif d'authenticité, de retrouver les vrais endroits où vont les vrais gens qui ne boivent pas que de l'eau chaude tiède.

L'âme de Paris se trouve à Belleville. Loin du boboïsme, il y a L'Hydromel Café, petite enclave (très) colorée tenue par René, vieux briscard aux airs de rockeur qui a toujours un pote au comptoir et des tonnes d'histoires à raconter. Son café, dans lequel on jouait jadis à la belote, est spécialisé dans l'hydromel, alcool de miel qu'on déguste dans un cadre peace and love psychédélique. Le bonheur absolu pour Rosalie : René n'y connaît rien à la *Fashion Week*.

▶ *Gustave*

II. COMMENT LA FRANCE EST DEVENUE *FAKE*

« Ce stage socioculturel a été organisé pour connaître la culture de notre région. Cette culture se situe entre Vaux-le-Comte, Pêche-en-Mouy et la départementale 215. »
Alex MÉTAYER, *Le Stage socioculturel*

1. LES TRENTE GÉNÉRIQUES

L'INTERVALLE TEMPOREL EXACT qui délimite l'appartenance à la génération des *millennials* varie au gré des présentations PowerPoint. Issu du marketing, ce terme hautement agaçant a fini par s'imposer pour décrire les enfants des *baby-boomers*, dont on situe la naissance entre le début des années 1980 et le milieu des années 1990. À peu près tout et n'importe quoi a été écrit sur eux, de leur rapport aux réseaux sociaux à leur garde-robe en passant par leur alimentation, leur mobilité, leur sexualité, leur approche du travail ou leurs choix en matière d'immobilier[19].

Hormis quelques généralités sur la fin de l'histoire, la chute du mur de Berlin, le 11-Septembre ou la crise de 2008, autant d'événements censés façonner l'horizon mental et culturel de ces êtres *fin de siècle*, l'environnement dans lequel ils ont grandi a en revanche suscité assez peu d'analyses. La raison d'être de cette deuxième partie est de revenir sur les paysages et les modes de vie qui se sont constitués lors de ce qu'on pourrait baptiser les « Trente génériques », années que je propose de situer – approximativement – entre 1980 et 2010, avec les années 1990 comme climax.

Pourquoi génériques ? En 1995, l'architecte, urbaniste et essayiste provocateur Rem Koolhaas publie *La Ville générique*[20], un essai dans lequel il soutient qu'en matière de ville, l'identité a été remplacée par le générique, un peu comme si la logique du médicament pouvait être étendue à la construction des lieux :

> « Les villes contemporaines sont-elles, comme les aéroports contemporains – "toutes les mêmes" ? », interroge-t-il dans son texte. « Et si nous étions les témoins d'un mouvement mondial de libération : "À bas le caractère !" Que reste-t-il une fois que l'identité a été abandonnée ? Le Générique ? »

C'est ce remplacement de l'« identité » par le « générique » qui sera l'objet de ce chapitre, car il s'agit d'un processus majeur à l'œuvre dans les sociétés occidentales.

À la question « Pourquoi l'Hyper France ? », ce royaume instagrammable obtenu à partir de bouts de vraie France réagencés pour la mise en scène de son propre passé, la réponse est « parce que nous sortons de la France générique ». Si la saturation des signes de la francité définit l'expérience de l'Hyper France, à l'inverse, la France générique se présente sous les traits d'une sorte de non-France, gommant au maximum ses aspérités identitaires et culturelles. Progressivement, ce qui donnait aux lieux leur spécificité locale s'est dilué dans un paysage plus lisse, gommant des particularismes qui se sont mués d'abord en folklores, ensuite en ornements de giratoires d'entrée de ville opérant comme des clins d'œil identitaires, enfin comme matériau de sketches pour les émissions de *Groland*.

La lecture des lignes qui suivent est donc une étape nécessaire pour mieux comprendre la transformation de quartiers entiers en petits *Truman show* authentiques, mais également pour mieux saisir dans quelles circonstances culturelles un mode de vie et une sensibilité esthétique inédits ont pu naître au milieu des années 2000, devenant la contre-culture décisive du début du XXIe siècle : la vague hipster. Un phénomène qui sera l'obsession de la dernière partie de cet ouvrage. Mais chaque chose en son temps. Répondons d'abord à la question : « pourquoi ces trente années ? ».

Des Trente glorieuses aux Trente génériques

Les années génériques sont passées à la trappe de l'histoire car elles ont vécu dans l'ombre projetée de leurs prestigieuses aînées, les célèbres Trente glorieuses. Alors que les transformations survenues au cours de celles-ci ont marqué les esprits au point de donner naissance à une période bien circonscrite – avec son petit nom, son iconographie instantanément identifiable et ses lieux communs –, les transformations des années génériques touchant au paysage et aux modes de vie nous ont été refourguées en douce, s'instillant dans notre quotidien par petites touches jusqu'à devenir subrepticement un nouveau standard. Ces années génériques coïncident avec ce que des historiens contemporains ont nommé « le capitalisme tardif, multinational ou de consommation[21] ». Apparue au milieu des années 1970 dans le sillage du choc pétrolier et de la fin des années de croissance, cette nouvelle phase du capitalisme introduit de nouveaux paramètres absents des étapes précédentes, ou qui étaient alors en germe : la mondialisation de l'économie et la délocalisation de la production, l'explosion de la sphère de la finance, le rôle central joué par les nouvelles technologies et en particulier par l'informatique et les réseaux, la place occupée par les médias et les flux d'images.

L'un des traits marquants de cette période générique, c'est d'être paradoxalement dénuée de caractère marquant, de constituer un nouveau décor sans rupture bien nette avec le précédent. Il existe de fait une sorte de zone blanche, de *black-out* culturel, d'amnésie collective à propos de ce que fut la vie quotidienne des années 1980 à 2000, à vrai dire plus proche des pages d'un roman de Michel Houellebecq consacrées à la vie d'entreprise en parc d'activité tertiaire, au ravitaillement en centre commercial de périphérie ou au franchissement d'un péage d'autoroute que d'un essai de géopolitique contemporaine.

Si les teintes dominantes des Trente glorieuses sont indiscutablement l'orange des objets en matière plastique, le marron des sols, des moquettes et des plafonds, archivés sur des cartes postales jaunies par la surexposition et l'ancienneté, les couleurs des Trente génériques tirent vers le bleu gris des atriums de bureaux, des verrières de galeries marchandes, des immeubles dont les façades-rideaux réfléchissent la lumière, des écrans et des coques des appareils électroniques, dont le nombre explose au cours de ces décennies, des cabines de 747 et des affiches de thrillers psychologiques des années 1990.

Les Trente glorieuses nous ont laissées en souvenir des objets, comme les pendules en plastique orange, ou des bâtiments, comme les grands ensembles, les stations de ski et les infrastructures des villes. Les objets marquants de l'époque générique sont l'escalator, l'ascenseur, les structures modulaires de métal, les plantes vertes, les dalles de faux plafond, la rocade, le rond-point, le lotissement pavillonnaire et enfin l'ordinateur. Comme ces années furent celles de l'informatique et des images, le *vintage* des Trente génériques sera (et, de fait, est déjà) un signal électronique, une image animée plutôt qu'un objet iconique de l'époque. La nostalgie pour les années 1980 et 1990 s'exprime par des effets vidéo désuets, comme les « *glitch* » qui déforment les séquences filmées, ou dans les images de rendus filaires en 3d, qui incarnent l'utopie du cyberespace et de la société en réseaux. La *vaporwave*, un microgenre musical qui reproduit ironiquement la musique de supermarché et d'ascenseur, est devenue la bande-son des années génériques.

▶ LES TRENTE GÉNÉRIQUES : QUELQUES REPÈRES CHRONOLOGIQUES

1979

Ouverture du premier restaurant McDonald's sur le sol français, à Strasbourg.

1980

Parution de l'essai *La Société de l'information* du futurologue japonais Yoneji Masuda, dans lequel il décrit la *Computopia*, passage de l'économie industrielle et de consommation de masse à l'ère de l'information et de la création organisée par les ordinateurs.
Lancement des premières expérimentations locales des services du Minitel en France.

1981

Premier test d'un magasin Ikea en France à Bobigny, en banlieue parisienne. Suit une ouverture à Vaulx-en-Velin, en banlieue de Lyon, en 1982, puis à Évry, au sud de Paris, en 1983.

1982

Premier recensement lors duquel les communes rurales situées autour des grandes agglomérations regagnent des habitants qui quittent les villes. Ces villages deviendront bientôt des « communes périurbaines ».

1983

Parution de l'essai *L'Ère du vide* de Gilles Lipovetsky.

1984

Lancement de la mission photographique de la DATAR, qui envoie sur les routes de France des artistes pour documenter le paysage français des années 1980.

1992

Parution de l'essai *Non-Lieux, Anthropologie de la surmodernité* de l'ethnologue Marc Augé.
Ouverture en fanfare du parc d'attractions EuroDisney à Marne-la-Vallée.
Tenue du premier colloque international consacré aux ronds-points, « Giratoire 92 », dans la ville de Nantes.
Pic du nombre d'utilisateurs et du nombre d'heures de connexion au Minitel.

1995

Parution de l'essai *La Ville générique* de l'architecte et urbaniste Rem Koolhaas.
Lancement des « autoroutes de l'information » aux États-Unis, projet de réseau informatique qui donnera naissance à internet.

1998

Diffusion en salles en France du film *The Truman show*.
Parution du roman *Les Particules élémentaires* de Michel Houellebecq.
Lancement de l'iMac.

1998-2000

Diffusion sur Canal Plus de la série satirique *Le Message à caractère informatif*, consacrée à l'univers des entreprises du tertiaire des années 1980.

2000
Inauguration du centre commercial du Val d'Europe, conçu par Disney à côté de son parc d'attractions européen, dans la ville nouvelle de Marne-la-Vallée.

2001
Lancement de l'iPod.
Dossier du magazine *Technikart* consacré à *L'Authentoc*.
Parution en France de l'essai *No Logo, La tyrannie des marques* de Naomi Klein.

2007
Lancement de l'iPhone.

2010
Dossier de *Télérama* sur *La France moche*.
Exposition puis livre *La France de Raymond Depardon*.
Débuts de la *vaporwave*, micro-genre musical parodique des années 1990-2000.
▶ Lancement d'Instagram.

La chronologie proposée ci-dessus indique certaines dates repères des années génériques. Symboliquement, ces Trente génériques s'ouvrent avec l'arrivée couronnée de succès de McDonald's en France à l'orée des années 1980, symbole à la fois d'un nouveau mode de vie et de l'internationalisation de la consommation. L'étonnante propension de la période à générer du « Néant », du « Vide » et de la « Fin » se repère dès la première décennie avec la publication d'essais aux titres particulièrement pessimistes comme, en 1983, *L'ère du vide* ou, en 1989,

La fin de l'histoire. Les années 1990, période du Haut générique, sont également jalonnées d'œuvres en prise avec cette dimension privative, des *Non-Lieux* de Marc Augé à *No Logo* de Naomi Klein – deux titres qui emploient la forme négative pour qualifier leur époque. Sur le plan artistique, la période est parcourue d'œuvres qui tout à la fois rejettent et célèbrent le générique : les photos hyperréalistes de paysages français de plus en plus modelés par les activités de la société de consommation, les romans houellebecquiens précédemment évoqués et leur éloge du centre commercial, des loisirs de masse, des jeux télévisés et des plats préparés.

Les années génériques sont la période au cours de laquelle l'influence de l'État et des grandes institutions politiques ou spirituelles décline, laissant ainsi une place croissante aux mécanismes de l'économie de marché. Une expérience sociale, urbanistique et commerciale résume à merveille l'état d'esprit qui a guidé cette période. En l'an 2000, le centre commercial du Val d'Europe, au cœur de la ville nouvelle du même nom, est inauguré sous l'égide de Disney en banlieue parisienne. Il s'agit du premier projet urbain piloté par une multinationale du divertissement sur le sol français. Cette « ville Disney » peut se lire comme la manifestation paradigmatique d'un processus plus large qui a marqué les années 1980 et suivantes : la transplantation de l'imaginaire pavillonnaire de la *suburbia* américaine dans les bourgs et les villages français. Nous atteignons alors un niveau du pic de générique que la décennie 2000 aura du mal à maintenir, et à partir duquel la société sera travaillée par des courants contraires rejetant largement l'héritage de ces années. Publié en 2010, le dossier de *Télérama* consacré à la « France moche » marque un coup d'arrêt symbolique à la France générique, qui sera dès lors l'objet de toutes les critiques. En parallèle, l'arrivée d'Instagram, la même année, inaugure un nouveau rapport à l'image et signale le grand retour de la quête d'authenticité.

Nous avons l'impression de vivre aujourd'hui à des années-lumière de la France générique. Rien n'est plus éloigné d'un quartier gentrifié de centre-ville qu'un de ces non-lieux nés avec la globalisation des années 1990-2000, d'un espace de coworking chaleureux qu'un immeuble de bureaux en *open space* de parc d'activité de périphérie, d'un *coffee-shop* hipster surchargé d'objets de brocante qu'un établissement de chaîne de restauration internationale née dans les années 1980. Rien ne s'oppose plus à la ville Disney que les nouvelles enseignes qui reposent sur la promesse de vivre une expérience authentique. À l'âge du *fake* avancé a succédé la révolte de l'hyper vrai. Les lignes qui suivent reviennent sur ces années décisives bien que largement sous-estimées, lors desquelles le générique a précédé et, d'une certaine manière, préfiguré le mouvement qui le combattrait sous la bannière du retour de l'authenticité.

2. QUAND "TOUT EST PARTOUT PAREIL"

Le « devenir aéroport » du monde

À la fin du siècle dernier, l'ethnologie a affronté une sorte de chômage technique déclenché par la mondialisation et la disparition progressive de son objet d'étude. Non que les « tribus », les « sociétés primitives » ou les

« peuples premiers » aient tous été rayés de la surface de la planète – bien que certains l'aient été. Leurs membres ont simplement été pour la plupart intégrés au moins partiellement à la globalisation, ne serait-ce que par les contacts sporadiques, et pas toujours très heureux, qu'ils avaient eu avec les Occidentaux. La science de « l'Autre », entendu comme le vaste groupe de tous ceux qui n'étaient pas culturellement rattachés au monde occidental, avait-elle encore une raison d'être quand l'Autre devenait de plus en plus une simple déclinaison de soi-même ?

En même temps que les sociétés perçues comme lointaines, traditionnelles et exotiques perdaient de leur virginité culturelle au contact du processus de modernisation (avec l'émergence d'une classe moyenne urbaine, de chaînes comme McDonald's et Starbucks et d'une culture pop alimentée par les industries du divertissement), la culture occidentale, industrielle, moderne et technique des chercheurs eux-mêmes devenait progressivement un objet de curiosité ethnologique. Au moment où les moyens de communication unifiaient la planète et avaient pour effet de rapprocher le lointain, le proche tendait au contraire à devenir de plus en plus insaisissable.

Le sentiment d'étrangeté grandissant qu'ont alors suscité les territoires de la modernité a été parfaitement décrit dans un court essai publié en 1992, sobrement intitulé *Non-Lieux*[22]. Dans ce texte, l'ethnologue Marc Augé inaugurait une nouvelle branche de la discipline, sorte d'ethnologie des échangeurs d'autoroutes, des gares TGV, des couloirs aériens, des *lounges* d'aéroport, des chambres d'hôtel standardisées et des parcs d'activité et de loisir.

Bref : un guide socioculturel en même temps qu'une carte d'orientation pour se repérer dans les Trente génériques.

Au cours de ces trois décennies, de nouveaux lieux nécessaires à la circulation, à la consommation et à la communication se sont multipliés, et avec eux toute une mythologie de la mobilité et de la globalisation. Des espaces nouveaux que Marc Augé propose de nommer « non-lieux ». Ces non-lieux regroupent « les voies aériennes, ferroviaires, autoroutières et les habitacles mobiles dits "moyens de transport" (avions, trains, cars), les aéroports, les gares et les stations aérospatiales, les grandes chaînes hôtelières, les parcs de loisirs, et les grandes surfaces de la distribution, l'écheveau complexe, enfin, des réseaux câblés ou sans fil [...] » En matière d'environnement urbain, la notion de non-lieu se rapporte donc à tout ce qui est moderne, technique, usuel et laid et qui n'a, à ce titre, aucune chance de figurer sur le fil Instagram d'une influenceuse cool. Les non-lieux sont les espaces de transit, de repos, de ravitaillement qu'on oblitère lors des séjours à l'autre bout du monde, qu'on efface de la carte postale et des résultats que nous renvoie une recherche d'images en ligne sur Paris, Barcelone, New York ou Venise.

Non-Lieux, s'ouvre par le court récit de la journée d'un Français des classes moyennes des années 1990 qui s'apprête à prendre l'avion. Pierre Dupont (c'est son nom) va, au fil des premières pages, emprunter l'autoroute A11, le périphérique parisien, se garer au deuxième sous-sol (allée J) du parking souterrain de l'aéroport de Roissy-Charles de Gaulle, interagir avec d'autres humains, comme au guichet de la compagnie aérienne, mais aussi avec les interfaces de machines et d'automates, comme lorsqu'il retire de l'argent au distributeur ou qu'il se familiarise dans l'avion avec le fonctionnement du « tableau à affichage digital de son siège Espace 2000 ».

Souvent mis en avant comme symbole de la froideur technicienne des années 1990-2000, le hall d'aéroport est rapidement devenu dans l'imaginaire collectif le *non-lieu* par excellence. Dans les zones de transit où se croisent des individus aux cultures très diverses – formant un véritable petit village global éphémère –, les numéros de portes, les pictogrammes qui représentent les toilettes et les enseignes lumineuses des marques vendues en *duty-free* sont les seuls signaux culturels avec lesquels le passager est invité à interagir ; et bien souvent les seuls artefacts qui le relient à la communauté humaine. Comme tous les non-lieux, le hall d'aéroport est anhistorique, dans la mesure où il semblerait incongru à la plupart des gens d'effectuer une visite touristique du terminal 2A de l'aéroport de Roissy-Charles de Gaulle ou de prendre part aux actions d'une association folklorique de protection du patrimoine aéroportuaire. Le même genre d'incompréhension saisit la majorité de nos contemporains lorsqu'ils apprennent qu'un centre commercial érigé dans la ferveur consumériste des années 1970 ou qu'un grand ensemble emblématique des années 1960 va faire l'objet d'une classification au patrimoine historique du XXe siècle.

Les aéroports internationaux ont ainsi fonctionné comme la métaphore parfaite de l'ère générique. Ils incarnent la grande frayeur intellectuelle occidentale de la fin du siècle dernier, celle d'un monde unifié et standardisé, dans lequel l'identité de la ville hôte ne s'exprime plus qu'en mode mineur – par le choix symbolique des petits souvenirs folkloriques que commercialisent les boutiques de l'espace *duty-free.* Ce discours piochait son inspiration autant dans des courants situés à droite, qui regrettaient la dilution des folklores locaux dans la globalisation, que parmi les mouvements ancrés à gauche, dont les animateurs voyaient d'un mauvais œil la pente consumériste qu'encourageaient ces lieux conçus comme les rayonnages d'un grand supermarché social. Tous y percevaient *l'extension* du libéralisme économique à des *domaines nouveaux* comme le marché du travail et les relations affectives, pour emprunter une métaphore houellebecquienne devenue classique.

En raison du succès de la formule, les non-lieux furent un peu l'âme urbaine des années 1990, le *buzzword* du moment. Au fil des années et à mesure que le concept de Marc Augé gagnait en notoriété, « non-lieu » est devenu un raccourci employé pour désigner un vague sentiment d'aliénation spatiale commun, de fait, à une grande variété de situations de la vie moderne. Tout au long des années 1990 – marquées par la prise de conscience de la globalisation – le discours en vogue fustigeait les espaces sans âme, les aéroports identiques, les allées de *cubicles* (bureaux à cloison) s'étendant à perte de vue dans des *open spaces* où s'inventait alors le travail immatériel à la chaîne, les centres de téléconférence ou encore les allées de supermarchés et leur atmosphère climatisée, artificielle et désincarnée. Le mode de vie aéroportuaire est également associé à une nouvelle figure, celle de l'homme d'affaires mobile et nomade qui jongle entre plusieurs fuseaux horaires, dont les aéroports sont les stations de métro… et les bars des grandes chaînes hôtelières les lieux refuge. Figure dont rend compte la comédie romantique *Up in the air*, adaptée d'un roman publié en 2001 – soit au cœur des années de mondialisation – dans laquelle Georges Clooney incarne un consultant chargé de licencier des salariés aux quatre coins des États-Unis. Le personnage passe tellement de temps en avion qu'il devient, à la fin du film, le premier client de l'histoire de la compagnie American Airlines à franchir le cap des dix millions de *miles*, atteignant ainsi un objectif qui était devenu sa principale raison de vivre.

Esthétique de la France moche

« On voit des autoroutes, des hangars, des marchés
De grandes enseignes rouges et des parkings bondés
On voit des paysages qui ne ressemblent à rien
Qui se ressemblent tous et qui n'ont pas de fin ».

Ces vers sont extraits d'un couplet de *Rendez-nous la lumière* du chanteur français Dominique A, un morceau choisi comme single de son album *Vers les lueurs*, paru en 2012. Cette chanson est une curiosité à plusieurs titres : elle est consacrée aux paysages périphériques enlaidis que le chanteur voyait défiler lorsqu'il se déplaçait dans le cadre de ses tournées[23]. C'est aussi l'une des rares chansons à avoir été inspirée par un article de presse. *Rendez-nous la lumière* est en quelque sorte l'adaptation avec paroles et musique du dossier de *Télérama* consacré à la France moche dont la couverture était illustrée d'une photo de paysage chaotique prise dans le sud de la région parisienne : un rond-point emprunté par une file d'automobilistes, sur fond de zone d'activité commerciale et de pylônes électriques. « Échangeurs, lotissements, zones commerciales, alignements de ronds-points... Depuis les années 1960, la ville s'est mise à dévorer la campagne », annonce le chapeau de l'article central du dossier, aujourd'hui encore l'un des plus consultés de l'histoire du site internet du magazine culturel[24].

Paru en février 2010, le dossier débute avec l'évocation du quotidien d'un certain Jean-Marc, un homme qui vit en périphérie de Brest dans une ferme cernée par une zone commerciale et un lotissement pavillonnaire sortis de terre à partir des années 1960, aux abords d'une voie rapide construite pour relier Rennes. « Ça s'est passé près de chez Jean-Marc, à Brest, mais aussi près de chez nous, près de chez vous, à Marseille, Toulouse, Lyon, Metz ou Lille, puis aux abords des villes moyennes, et désormais des plus petites », détaillent Xavier de Jarcy et Vincent Remy, les auteurs de l'article. « Partout, poursuivent-ils, la même trilogie – infrastructures routières, zones commerciales, lotissements – concourt à l'étalement urbain le plus spectaculaire d'Europe : tous les dix ans, l'équivalent d'un département français disparaît sous le béton, le bitume, les panneaux, la tôle. »

Comme la plupart des maux qui touchent la France générique, le déplacement du commerce en périphérie, s'il a démarré dès les Trente glorieuses, n'a atteint son plein régime qu'à partir du début des années 1980, et il s'est épanoui depuis. Rien que durant la décennie 2006-2015, il s'est ouvert près de 150 zones commerciales de plein air, ce que les professionnels nomment désormais des *retail parks*. Selon les recensements les plus récents de la profession, les ensembles commerciaux totalisent 3 780 sites sur le sol français, dont 83 % sont situés en périphérie des villes[25].

En 2018, le mouvement des gilets jaunes rappellera avec une clarté brutale à quel point ce paysage périurbain, qui s'était étalé dans une relative indifférence à partir des années 1970, était devenu une composante incontournable : un legs omniprésent, et quelque peu honteux, des années génériques.

Difficile de trouver un monument à classer au patrimoine pour incarner le style d'aménagement des années génériques. Les nouvelles périphéries se repèrent à des signes discrets, comme leur équipement-star de voirie, le carrefour giratoire, devenu la principale ponctuation du langage urbain de la France générique. Les images des blocages des gilets jaunes – peuple de la voiture et des périphéries – ont amplement révélé ce que les spécialistes de ce dispositif avaient identifié lors des dernières décennies. La configuration-type des nouveaux paysages génériques est la même partout où ils sont sortis de terre : une bretelle d'autoroute, une rocade ou une voie rapide à l'abord d'une ville qui débouche sur un rond-point qui lui-même dessert une nationale, une départementale mais aussi un parking d'hypermarché, un McDonald's, l'entrée d'un lotissement et une zone d'activité artisanale ou logistique.

Construits par dizaines de milliers au cours des années génériques, les carrefours giratoires – que tout le monde appelle ronds-points – deviendront des balises, disposées à intervalles réguliers, pour connecter entre eux ces nouveaux paysages périphériques[26]. Les indications affichées sur les panneaux de signalisation ont d'ailleurs adopté la représentation schématique du rond-point comme unité de langage (un point entouré d'une courbe dont l'extrémité en forme de flèche correspond à la sortie que l'automobiliste est invité à emprunter), avec parfois de joyeuses enfilades pour accéder à sa destination.

Après avoir été spatialement et culturellement cantonné aux marges de la société, dans une espèce de non-dit urbanistique, cet héritage encombrant qu'est la zone commerciale de périphérie flanquée de son giratoire est devenu une sorte de monument des années génériques. En témoignent, outre son insertion de plus en plus fréquente dans le cinéma, la photo, le roman et même la chanson, l'intérêt émergent d'un public cultivé pour les randonnées périurbaines, dont la philosophie consiste à aborder le paysage français non pas tel que les randonneurs l'idéalisent, mais tel qu'il se présente réellement au promeneur avec son urbanisation, ses infrastructures, ses zones résidentielles, ses installations industrielles et commerciales en activité ou en friche. En 2013, dans le cadre de l'événement *Marseille, capitale européenne de la culture*, un premier sentier de grande randonnée en milieu périurbain a été repéré et tracé sur 360 kilomètres entre Aix-en-Provence, Marseille, l'étang de Berre et Aubagne par des artistes-marcheurs. Homologué par la fédération française de randonnée pédestre, ce véritable chemin de Grande Randonnée a son propre topoguide, dont une étape au départ de la zone commerciale de Plan de Campagne est présentée ainsi :

« Traverser le parking de Leroy-Merlin par la bande piétonne verte ; la suivre vers le magasin et le contourner par la gauche.

Continuer tout droit sur le trottoir de gauche, entre Maxi Zoo et King Jouet. Au niveau de Truffaut, la rue tourne à gauche vers un rond-point creux et planté d'arbres[27] ».

Magasin-entrepôt de périphérie, rond-point paysager, établissement d'enseigne de restauration rapide : dans une randonnée périphérique, la toponymie utilisée pour s'orienter est entièrement humaine, technique et commerciale, remplaçant les repères de la marche en pleine nature ou en zone rurale (les places de village, les cours d'eau, les monticules de pierres). D'autres randonnées de ce type sont en cours d'élaboration, notamment dans le cadre du tracé du Grand Paris.

À la fin des années 2000, l'esthétique particulièrement glaciale et désincarnée de ce type d'environnement périphérique a également suscité l'apparition d'un courant mi-nostalgique, mi-ironique de musique rétro, la *vaporwave*[28]. Microgenre de l'espèce de ceux qui naissent par dizaines sur internet et ne sont connus que de quelques amateurs pointus, la *vaporwave* et ses déclinaisons – *retrowave*, *mallwave*, *synthwave*, *yuppiewave* – est une musique d'ascenseur et de supermarché consciente d'elle-même, qui recourt aux sonorités synthétiques des années 1980 et 1990. Ses pochettes d'album détournent l'imagerie dominante des années *corporate* globalisées : le yuppie à chemise à manches courtes, équipé de son attaché-case et de son téléphone portable de format préhistorique, les atriums de verre et les colonnades gréco-romaines de l'architecture postmoderne de bureaux, l'*open space* à cloisons amovibles, ses micro-ordinateurs de première génération et ses pots de fleurs artificielles, le pavillon de promoteur, sans oublier le centre commercial. Un sous-genre de *vaporwave* se consacre exclusivement à raviver l'esthétique du « *mall* » au tournant des années 1980 et 1990 en parodiant ses ambiances musicales : batteries électroniques, vieux sons *cheap* de synthétiseur et solos de saxophone. Cette *mallwave* (de « mall », le centre commercial, et « *wave* ») pousse l'hommage très loin, puisque les mix sont généreusement pourvus en *reverb*, un effet qui donne la nette impression que le morceau instrumental est diffusé depuis les enceintes de mauvaise qualité dont les galeries marchandes de cette époque étaient équipées. Sur les pochettes d'album de *mallwave*, figurent enfin tous les attributs visuels emblématiques de la culture du *mall* : l'escalator, les sols et les murs veinés qui imitent le marbre, la galerie surmontée d'une verrière, les éclairages au néon, les aménagements paysagers d'intérieur comme les palmiers ou les fontaines.

Pour plus de réalisme historique, un brouhaha de clients qui déambulent dans les allées du mall et empruntent ses escalators est généralement associé au mix final. L'objectif des producteurs de cette musique *lo-fi* est de s'approcher d'une expérience nostalgique immersive, exactement comme les bistrots de l'Hyper France souhaitent recréer l'ambiance qui régnait dans les relais routiers, ou les photographies de Jacques Chirac jeune, devenues *cool* avec la patine du temps. La *vaporwave* est le reflet décalé dans le temps d'un monde cotonneux et comme anesthésié par la consommation, celui des années 1980 à 2000. Elle célèbre une esthétique ringarde et un environnement *fake*, « produit de la rencontre de l'escalator et de la climatisation, conçu dans un incubateur en placoplâtre[29] », pour reprendre une formule évocatrice de l'architecte Rem Koolhaas.

La France, version deux ?

Non-lieux qui prolifèrent et capturent notre imaginaire de la modernité et de la globalisation, France moche qui se répand à la périphérie des « vraies » villes et villages, le paysage générique progresse également grâce aux nouveaux moyens de transport qui, plus rapides que les anciens, engendrent une expérience du trajet très différente.

Les routes nationales ou la voie ferrée « pénétraient l'intimité de la vie quotidienne », écrit Marc Augé. Les itinéraires des routes traversaient les villes et les trains passaient derrière les maisons, de sorte que le voyageur pouvait apercevoir des êtres humains et même surprendre des instants de leur intimité au cours de son trajet. Avec les nouveaux moyens de transport – couloirs aériens, lignes TGV, tronçons d'autoroute – cette proximité disparaît. La construction d'un réseau d'autoroutes qui évite les cœurs des grandes agglomérations et la multiplication des déviations et rocades emprisonne l'automobiliste dans un couloir d'où il ne voit pas ou plus ce qu'il devait auparavant traverser.

Les cœurs de ville désormais contournés migrent vers un autre niveau de réalité : ils deviennent des textes et des signes sur des panneaux. Les lieux s'éloignent de nous. Des petits lieux jadis croisés par le voyageur, des villes comme « La Ferté-Bernard » ou « Nogent-le-Retrou » deviennent « des noms sur un itinéraire ». Par un étrange paradoxe propre aux non-lieux, les lieux historiques ou naturels ainsi évités « sont signalés par des panneaux sur lesquels sont inscrits des dessins schématiques, des idéogrammes, des textes. » « Chapelles du XIVe ou du XVe siècle, châteaux, mégalithes, musées de l'artisanat, de la dentelle ou de la céramique », toute une signalétique se déploie qui rend hommage à l'histoire française sur panneau réfléchissant d'aluminium. « Contraste », poursuit Marc Augé, « c'est aux entrées des villes, dans l'espace morne des grands ensembles, des zones industrialisées et des supermarchés, que sont plantés les panneaux qui nous invitent à visiter les monuments anciens [...] » C'est encore plus vrai des voyages en avion, où le passager est invité à constater la progression de l'appareil sur une carte projetée sur le dossier du fauteuil qui lui fait face.

L'éloignement des lieux de vie au profit de la signalétique qui résume leur identité a culminé au cours des années 1970, lorsque les Français ont découvert de nouveaux types de non-lieux dont la coquetterie consistait à se présenter comme une version plus moderne de l'existant : Vélizy 2 (1972), Rosny 2, Ulis 2 (1973), Bobigny 2 (1974), Évry 2 (1975), Italie 2, Boissy 2 (1976). Certes, les enfants nés au cours des Trente génériques ont intégré un certain recul vis-à-vis de cet urbanisme totalement *fake* des Trente glorieuses. Des comptes Facebook, Twitter ou Instagram rendent aujourd'hui un hommage décalé et bienveillant à cette France *vintage*, si fière de ses villes nouvelles et de ses nouveaux quartiers, de ses supermarchés brutalistes et de ses galeries commerciales avec parking, de ses grands ensembles de logements avec drugstore en pied d'immeuble, de ses échangeurs autoroutiers, de ses complexes touristiques balnéaires et de ses stations de ski de troisième génération. Au cœur des années 1960, on pouvait ainsi envoyer à ses amis une carte postale représentant le périphérique parisien photographié depuis Bagnolet ou la photo de la « ZUP » flambant neuve de Vanves, de Bordeaux, de Saint-Étienne, de Saint-Brieuc, de Gennevilliers, de Tours, de Royan… c'était de toute manière toujours un peu la même : un noyau villageois cerné par une autoroute, des barres, des lotissements pavillonnaires, des cafétérias et des centres commerciaux. Reproduit à la chaîne, le paysage remodelé va devenir celui d'une France dans laquelle comme le chantent les interprètes de Starmania, comédie musicale *eighties* marquée par l'imaginaire de l'An 2000, « Tout est partout pareil », non sans susciter une impression tenace de fausseté[30].

Les Trente glorieuses avaient eu leur *Playtime* (1967). Le film culte de Jacques Tati, entièrement tourné en studio dans des décors conçus pour imiter un Paris rendu méconnaissable par la modernisation, passe en revue tous les lieux à la mode des années 1960 et 1970 : le hall d'aéroport, la tour de bureaux, l'autoroute, le drugstore. Quel film met en scène avec autant de dramatisation les paysages urbains de la France générique ? À vrai dire, aucun, et c'est bien le problème. Le paysage des années génériques est moins aisément représentable. Est-ce uniquement parce qu'il est trop récent, ou parce qu'il est transparent ? Si la maquette de la « France 2 » a été livrée à la fin des Trente glorieuses, elle ne s'est véritablement animée qu'au cours des décennies qui les ont immédiatement suivies. L'ère générique a été une époque de prolongement et de confirmation des données héritées des précédentes décennies plutôt qu'un acte créatif de renouveau. Il n'est donc pas aisé de représenter ni de donner corps à cette impression tenace de vivre dans une vaste *map* de jeu vidéo qui se fait passer pour la France. Habiter la France générique, c'est partager son quotidien entre espaces commerciaux, lotissements pavillonnaires, ronds-points paysagers, salles polyvalentes, pépinières d'entreprises innovantes, zones d'activité artisanales, pôles d'échange multimodaux, cités administratives, atrium des finances publiques, îlots piétonniers, groupes scolaires, pôles universitaires, HLM, aires de repos et espaces récréatifs. Un vaste courant de la pop culture a néanmoins offert une visibilité tardive à cette France générique, principalement dans le champ de la photographie. On y « chemine d'habitats nouveaux en centres commerciaux, de stations balnéaires en quartiers de plein air, de parcs de loisirs en zones d'activité », comme le résume la présentation de la série de photographies du paysage français *Hexagone* de Jürgen Nefzger, prise au cœur des années génériques, entre 1995 et 2005[31]. Un paysage contemporain à ce point transformé que « peu importe qu'il s'agisse du Gers, de la banlieue parisienne ou marseillaise, de telle ou telle station de montagne ou de bord de mer. »

Il existe désormais une ville et une France génériques, une vaste zone 2 du territoire. Comme dans la nouvelle de Jorge Luis Borges dans laquelle une carte à l'échelle 1:1 d'un Empire est investie par ses sujets dès lors que l'Empire réel subit des invasions ou des guerres qui le rendent inhabitable, la France 2 se substitue progressivement à la France 1, laquelle subsiste à l'état de signes, d'imaginaire et de produits touristiques mais est de moins en moins habitée. Progressivement, inexorablement, la carte a remplacé le territoire.

3. OVERDOSE DE GÉNÉRIQUE

Le Français moyen à l'heure des plats surgelés

La France aborde ainsi le XXIe siècle dans un paysage devenu générique, et dont le prolongement culturel sera l'émergence d'une sorte de « vie générique ». Les œuvres littéraires ou intellectuelles qui se sont penchées sur ces années fourmillent de descriptions du mode de vie de cet Occidental moyen : son emploi dans une société de conseil en informatique hébergée dans un parc d'activité de ville nouvelle francilienne, ses virées en supermarché et au centre commercial, ses gammes de plats surgelés, ses nouvelles routines associées aux appareils de télécommunications, son habitat standardisé, en lotissement pavillonnaire ou dans une résidence de standing, ses loisirs ritualisés qui s'apparentent à des migrations saisonnières de masse.

L'unification des modes de vie est le fil rouge de ces transformations. Toutes les analyses de la fin des années 1980 au début des années 2000 tournent autour du thème de la moyennisation de la société française. Le sociologue Henri Mendras invente – pour décrire cette société nivelée et moyennisée – l'image d'une toupie, dont le large ventre accueille les vastes bastions d'une « constellation centrale » composée des cadres et des catégories intermédiaires, qui forment le nouveau centre de gravité de la société. Il immortalise, dans un passage souvent cité, le rôle du barbecue, véritable rite de la civilisation des classes moyennes, qui se pratique aussi bien dans le modeste pavillon de banlieue ouvrière que dans les résidences secondaires de la côte d'Azur[32]. Le géographe Armand Frémont introduit sa *Géographie d'une société* parue à la fin des années 1980[33] par ces considérations, qui reflètent le courant alors dominant :

> « En cette fin de XXe siècle, les rapports des Français à la France se sont très profondément modifiés sans qu'on ait eu le temps d'y prendre garde. Par la force des médias, par le raccourcissement des distances, les uns et les autres adoptent les mêmes modes, portent les mêmes vêtements, s'alignent sur les mêmes habitudes alimentaires, consomment les mêmes produits standardisés, produisent la même culture, et se retrouvent en définitive, de Dunkerque à Perpignan, de Strasbourg à Brest, tous de plus en plus semblables autour des mêmes lieux surgis dans la banalité des trente dernières années, grands ensembles ou pavillons, zones industrielles ou hypermarchés, centres rénovés ou parcs de loisirs, plages et stations de sports d'hiver, campings ou marinas… »

Au cours des années 1970-1980, un psychosociologue affublé d'une queue-de-cheval et d'une chemise à large col, Bernard Cathelat, directeur du Centre de communication avancée, entreprend de sonder les Français pour construire des « sociostyles », une nouvelle méthode de prospective inspirée de la psychologie et des études marketing. Il identifie une mentalité dominante, « la France de l'aventure[34] », portée par les « nouvelles classes de cadres et dirigeants des industries de pointe et du tertiaire, leaders et profiteurs de la nouvelle société », dont la vie est « proposée à tous comme un exemple et un modèle idéal de société et de citoyen ». La mentalité d'aventure est « progressiste ou du moins innovatrice, curieuse et dynamique, tournée vers le futur plutôt que vers le passé, jusqu'à renier parfois ses origines et perdre ses racines ». C'est un modèle « multinational », qui implique « apprentissage des langues, voyages et vacances à l'étranger » et qui est « symbolisé par l'essor de l'anglais comme langue universelle des affaires. » À l'époque de la parution de l'ouvrage de Cathelat, la mentalité d'aventure est dominante en région parisienne, avant-poste de la modernité, ainsi que dans les grandes agglomérations du pays. Elle attire les diplômés, les cadres, les jeunes et les hommes. Si cette France est tolérante, ouverte aux différences et qu'elle rejette le modèle du « nationalisme chauvin », « l'originalité culturelle n'est pas valorisée ». On y propose « un mode de vie plus large, moins marginal (les aéroports, les grands hôtels, les grandes villes sur le même modèle dans le monde) qui est le symbole du monde moderne dans son ensemble. »

La mcdonaldisation du quotidien

Par sa puissance de frappe incomparable et son statut d'emblème du capitalisme américain d'après-guerre, la chaîne de hamburgers McDonald's a représenté pour la société française le visage de la franchisation des modes de vie. McDonald's prend son envol en France dans les années 1980. Après une tentative avortée au début des années 1970, la chaîne de *fast-food* s'implante avec succès à Strasbourg, en 1979. Le nombre de ses points de vente explose lors de la décennie suivante. Aujourd'hui, avec plus de 1300 établissements, McDo est présent, parfois sans concurrence, dans des villages ou des lieux de vie du lointain périurbain, et la chaîne américaine honnie s'est tant bien que mal intégrée à la vie quotidienne des Français[35]. Pourtant, au milieu des années 1970, il était absolument impensable qu'une telle greffe culturelle soit assimilée par une société française provinciale dans laquelle on rentrait déjeuner chez soi et on arrosait chaque repas de rasades de vin de table ordinaire.

Très vite, il apparaîtra que les Français adorent le McDo alors que les intellectuels le détestent. Pour ces derniers, son introduction sur le sol français est d'emblée assimilée à la mécanisation de la vie sociale importée des États-Unis. *Le Nouvel Obs*, à l'avant-garde de la gauche, remarque qu'en quelques années, une avalanche de nouvelles manières de s'alimenter s'abat sur le pays : « *drugstores*, *pubs*, *snacks*, cafétérias, *quick-lunches*, *steak-houses*, "Wimpys", "McDonald's", *chicken shops*, *scrambles*, *crips crops*... », énumère le magazine, la France n'en a plus que pour la « bouffe non-stop », et « la *fast-food* », qui s'accorde alors au féminin[36]. « Puisque l'on vit vite, il faut manger vite », déplore-t-il. Pour se mettre dans l'ambiance de l'époque, et s'approcher de l'effroi que suscite le *fast-food* chez la génération des *baby-boomers* français à la fin des années 1970, citons encore cette analyse d'Alain Brossat publiée dans l'édition de 1985 de *L'État de la France et de ses habitants* :

> « Autant le bistrot demeure toujours, peu ou prou, terrain d'aventure, autant le *fast-food* est le lieu *clean* et fonctionnel, vide au fond, lieu de passage pur et simple où rien ne peut ni ne doit se passer. L'obsession de la propreté qui y règne, illustrée par le ballet incessant

du personnel armé de seaux et balayettes, est un bon indice de ce vide. La phobie du sale qui y règne est au fond phobie de la vie telle qu'elle grouille, imprévisible, chatoyante et malpropre. [...] Lieu d'échange sans fioriture, lieu de non-convivialité organisée, le *fast-food* nous dit bien dans quel monde dur, pragmatique, nous vivons en ces temps de crise : la loi du profit, le critère du rentable, de l'économique y règnent en maîtres[37] ».

Compagnon inséparable du Coca, le hamburger a joué le rôle de symbole de l'uniformisation des modes de vie. D'autres produits et d'autres services attestent que cette évolution a concerné la vie sociale dans son ensemble. Selon le philosophe Bruce Bégout, la chambre de motel, « lieu commun » par excellence de l'Amérique standardisée[38], incarne à merveille cette « simplification de la vie quotidienne, que produit l'industrie de la consommation courante » et en particulier le règne de la franchise. Avec la chambre de motel comme avec tout produit ou service de franchise, chaque expérience peut être reproduite à l'infini, devient « itérable à volonté ». Toute trace identitaire, à l'exception de la déclinaison systématique et obsessionnelle des éléments de la charte graphique de l'enseigne, doit disparaître de la transaction.

On aurait tort de voir dans cette uniformisation la promesse d'un paradis terrestre consumériste célébré par la publicité. Le philosophe remarque que plus modestement, l'hôtellerie standardisée a prospéré avant tout sur « l'hostilité à la gêne et au malaise » : « dans le but d'échapper aux désillusions possibles d'un mauvais choix, le client des motels préfère sacrifier le bien sur l'autel du médiocre ». « Le travail du franchisé consiste essentiellement en une privation : réduire la gêne, ce mot moderne pour désigner la douleur », poursuit Bruce Bégout. À défaut de réels bonheurs, la société générique fournit un ensemble de services franchisés qui permettent à ses bénéficiaires de maintenir un niveau de satisfaction *flat*.

▶ LA FRANCE, L'AUTRE PAYS DE LA FRANCHISE

Les grands réseaux de franchises et les enseignes intégrées font partie intégrante de l'histoire des années 1980 et 1990 et les années génériques sont marquées par quelques symboles de cette influence nouvelle qu'exerce la culture commerciale sur les vies quotidiennes. Les *fast-foods*, la déco d'intérieur bon marché et la *fast-fashion* sont des modèles de consommation qui sont apparus en même temps que la génération des *millennials*, bien qu'on pense rarement à les associer à cette cohorte.

Tout un univers de produits et de services standardisés s'implante dans les villes et dans les vies françaises dans les années 1980. À partir de 1982, le géant suédois du meuble Ikea, acteur majeur de la standardisation des intérieurs, lance ses magasins en région parisienne et multiplie les ouvertures jusqu'à l'orée des années 2000. Autre membre de la famille des enseignes spécialisées, Decathlon apparaît en 1976 mais ne décolle véritablement que durant cette même séquence de convergence vers le générique. La plupart de ces concepts commerciaux, nés comme des *spin-off* des grands généralistes, se déploient lors des mêmes années. C'est aussi le cas des chaînes de restauration : l'année 1980 est celle de la création de Buffalo Grill, dont le premier restaurant ouvre dans l'Essonne, et de la première implantation de Quick, concurrent belge du McDo, sur le sol français. Alors que l'hôtellerie se segmente elle aussi, avec l'arrivée du *low cost* Formule 1 en 1985, les cinémas multiplexes qui apparaissent au cours de la même décennie inaugurent le mouvement de déménagement des loisirs en périphérie. Ils seront bientôt rejoints par d'autres.

Qu'elle prenne la forme juridique de la franchise ou celle du réseau intégré – ce qui ne change rien du point de vue du consommateur – cette logique de la réplication du même concept sur tout un territoire est un principe majeur du mode de vie générique. Apparaissant au cours des années 1980, ces réseaux de marques sous franchise sont 500 au milieu des années 1990, 1 000 une décennie plus tard, près de 2000 de nos jours[39]. Sur le territoire français, la restauration à thème (comme Buffalo Grill) représente cent chaînes ou enseignes et un peu plus de 1 400 points de vente ; la restauration rapide (comme McDonald's) 218 chaînes pour plus de 5 300 points de vente.

L'avènement des franchises fera du commerçant indépendant, adversaire historique de la grande distribution, un franchisé comme les autres : ces responsables d'un point de vente d'une grande enseigne seront 35 000 au milieu des années 1990, 50 000 au milieu des années 2000... On dénombrait un peu plus de 74 000 points de vente en 2018 sur le territoire français, signe que le modèle a prospéré au-delà des années génériques.

L'autre spécificité de la franchise est de modeler à la fois le commerce de périphérie, dont les galeries marchandes accueillent succursales et franchisés comme Jules, Brice, Jennifer, Celio, Camaïeu, H&M et Zara, mais aussi les cœurs des villes, avec la transformation de la fameuse rue commerçante de ville moyenne en galerie à ciel ouvert et succession de cellules de marques de réseaux. Ainsi, à mesure que la périphérie reproduisait une *ville*, la vraie ville s'inspirait de plus en plus de sa copie produite en série à ses confins.

Minitel, Télétel, Vidéotex, terminal, télématique

Standardisation des paysages, uniformisation des modes de vie, massification de l'imaginaire, ce dernier mouvement de convergence culturelle inédit s'accélère au tournant des années 1970-1980. Dès la fin des Trente glorieuses, la maîtrise de l'espace et de la matière a cessé d'être un défi pour l'humanité. Les progrès techniques de l'industrie et des transports arrivent à un plateau alors que la phase d'équipement des ménages en biens durables approche de la saturation. Dans ce contexte nouveau de stagnation, un seul secteur va continuer à progresser et à repousser indéfiniment les limites du possible : celui des technologies de l'information et de la communication.

Selon l'historien Jean-François Sirinelli, c'est entre 1973 – année qui marque la fin des Trente glorieuses – et le début des années 1980 que tout va se jouer[40]. Au cours de ces années, le taux d'équipement en appareils de télécommunication quadruple, au point que la quasi-totalité des foyers français finissent par posséder un téléphone et un téléviseur. « On observe alors une apparition de la micro-informatique et surtout une prolifération des moyens de communication déjà existants : magnétoscope, télématique, "radios libres" dont l'autorisation après la victoire de la gauche multiplie la visibilité et l'audience. Tout, en ces domaines, s'enclenche ou s'accélère durant ces dix années », écrit l'historien.

Des communes françaises et leurs habitants deviennent *sites pilotes* et se transforment en terrains d'expérimentation pour cette nouvelle utopie de société en réseaux. En 1981, les premiers services *Vidéotex* du Minitel sont installés gratuitement chez 2 500 habitants de Vélizy, en banlieue parisienne, c'est l'opération « Télétel ». À Strasbourg, en 1982, 1 300 foyers bénéficient d'une messagerie électronique, le « Gretel ». Le câble et le visiophone sont installés dans quelques centaines de foyers de Biarritz en 1984. À partir de 1983, le Minitel est massivement introduit dans les foyers français.

Dans cette France charnière de la fin des années 1970 et du début des années 1980, les images des chaînes de montage des usines automobiles s'évanouissent et laissent progressivement place aux photos de cols blancs posant devant des unités centrales de la taille d'un buffet. Les archives que l'Institut national d'audiovisuel conserve de cette période cruciale ont toutes la même bande-son : les notes stridentes et angoissantes du thérémine, dont la mélodie annonce le futur.

Contrairement à la précédente, cette société de l'information ne sera plus structurée par les objets, totalement banalisés – même si ceux-ci n'ont pas disparu – mais par les images et les données. On appellera cette nouvelle ère l'« économie post-industrielle » ou la « société de l'information ». Ses hommes clés sont des manipulateurs de symboles, des cadres qui interagissent avec les informations plutôt qu'avec la matière. Alors que les intellectuels et les créatifs des Trente glorieuses étaient plutôt des architectes, des ingénieurs ou des techniciens – tissant encore des liens étroits avec l'économie matérielle –, les nouveaux travailleurs du savoir n'interviendront plus vraiment sur la surface physique du monde mais sur ses strates symboliques, visuelles et imaginaires : le code informatique, la finance ou le design.

Longue traîne de l'esprit technocratique, la télématique d'État à la sauce Minitel s'effacera au profit des bouquets de chaînes câblées des groupes privés puis, à partir des années 1990, des autoroutes de l'information, l'ancêtre de l'internet. Le tournant des années 1990 et 2000 sera marqué par l'euphorie de la nouvelle économie, avec le succès commercial de l'iMac en 1998, l'apparition des premières *start-up* à succès comme *Yahoo !*, les gadgets technologiques branchés comme l'iPod (2001) ou le BlackBerry (2003), et enfin, la domination de l'industrie du divertissement. Commencent alors les années MTV, chaîne qui transforme la musique pop en robinet à clips et acclimate les générations de la fin du siècle au fait d'être accompagnées en permanence d'images, la télé devenant avec MTV moins un programme qu'un nouvel environnement informationnel, une sorte de papier peint interactif dont sont revêtues toutes les pièces et dont les motifs seraient en perpétuel renouveau. La France est de moins en moins *Cogip*, et de plus en plus *start-up*. Le noir et blanc, qui équipait encore la moitié des téléviseurs au milieu des années 1980, semble appartenir à une autre ère.

Quand les styles de vie font les nouvelles classes sociales

L'entrée dans la globalisation consumériste ne se fera pas sans résistance. La décennie 1990 voit l'avènement d'un nouveau courant de pensée critique du marché, l'altermondialisme, et de ses auteurs à succès comme la journaliste et activiste canadienne Naomi Klein qui vilipende « la tyrannie des marques » et leur emprise sur la vie quotidienne des Occidentaux dans son best-seller international *No Logo*[41]. Moins radicalement anticapitaliste, l'historien Benjamin Barber n'en a pas moins produit une critique particulièrement fine de la domination de la culture de consommation sur les modes de vie de cette période charnière. Alors que les sociétés libérales encourageaient le libre marché et la consommation tout en préservant des sphères autonomes comme la famille, l'éducation, la santé, la culture, désormais « le marché est partout », écrit Benjamin Barber dans *Comment le capitalisme nous infantilise*[42]. L'historien affirme que l'économie de marché consumériste « colonise tous les domaines de la vie que nous vivons quotidiennement. » En ce début de millénaire, le marché, les marques et la consommation s'affichent « sur les trottoirs, sur les murs, dans les autobus, dans les trains, en salle de classe, dans la chambre à coucher, les salles d'attente et les téléphériques, sur grand écran et mini-écran de l'iPod, à la télévision, au téléphone, sculpté dans les coupes de cheveux, écrit sur la peau, codifié en *trademarks*, en marques, en *lovemarks* [...] » Barber accorde dans sa description de l'emprise consumériste une place de choix aux lieux de diffusion de cette culture commerciale : les banlieues pavillonnaires des classes moyennes américaines, espaces produits de toutes pièces par l'idéologie marchande, les centres commerciaux qui occupent aux États-Unis une place encore plus centrale qu'en Europe, sans oublier les robinets à images des nouvelles technologies de l'information et de la communication qui généralisent progressivement l'usage des interfaces comme les écrans.

S'il n'évite pas toujours les lieux communs sur les pseudo-désirs du consommateur, Barber brosse un tableau très complet et informé de la situation culturelle. L'originalité de son propos est de souligner que « la culture commerciale de masse » est devenue « un substitut de la culture "populaire" authentique ». Les populations qui étaient traditionnellement définies dans les démocraties occidentales par leur appartenance à une classe sociale, par leur genre, par leur origine ethnique ou leur nationalité laissent place à des « identités commerciales » de substitution, qui s'expriment par des choix de consommation, c'est-à-dire par des manières d'acheter, de manger, d'habiter ou de se vêtir. Si on suit Barber dans sa critique radicale de l'économie de marché et de la société de consommation, celles-ci règnent à ce point que « l'objectif est de remplacer les traditionnelles identités assignées liées au lieu et à la naissance, qui divisent et sont donc inadaptées à la mondialisation du marché – "un Kurde de Turquie de vingt et quelques années qui est musulman" –, par d'artificielles identités de marques qui seraient sans frontières – "un buveur de

Pepsi de vingt et quelques années qui regarde MTV" ». Pour reprendre d'autres exemples de l'historien, très ancrés dans la pop culture *nineties*, la marque Ralph Lauren exprime le style de vie des « habitants à hauts revenus des banlieues aisées qui feignent d'appartenir à une inexistante aristocratie foncière américaine », The Body Shop cible les « enthousiastes de la santé écologiquement conscients » et Calvin Klein, les « ados branchés et excitants dont le corps plus ou moins réduit au sexe est le passeport pour la belle vie ».

Les générations nées au tournant du millénaire vont ainsi vivre un basculement sans précédent dans la mesure où, sous le capitalisme tardif, leurs membres vont être pour la première fois dans l'histoire définis par ces « identités commerciales » de substitution. Contemporains du jaillissement des paysages génériques et de l'édification d'un mode de vie qui tend vers la standardisation, les fameux *millennials* formeront également la première génération à grandir et à évoluer dans un monde borné par la culture médiatique et commerciale.

C'est un changement majeur par rapport à la situation de leurs parents, les non moins célèbres *baby-boomers*. Premiers êtres humains de l'histoire à grandir dans la société de consommation de masse des années 1960 et 1970, ces derniers étaient encore définis par des critères démographiques – en référence au *baby-boom* d'après-guerre – ou culturels – les *hippies*, la génération Woodstock. Le primat de l'identité commerciale ne se serait donc véritablement enclenché qu'à partir de la génération suivante : celle-ci « est restée un moment sans nom, mais, quand on l'a tardivement baptisée génération *X*, elle s'est trouvée définie par le commerce plus que par la culture. [...] À la génération *X* a succédé la génération *Y*, terme conçu pour décrire cette jeunesse presque exclusivement en termes de consommation. Ayant grandi dans le boom du *high-tech* des années 1990, elle était prête à sauter dans le train du consumérisme », conclut Barber.

Désormais, des « "époques" successives ont eu leurs signatures commerciales », constate le même Barber qui illustre son propos en présentant le mode de vie prêté aux membres de quelques-unes de ces nouvelles identités commerciales. Ainsi dans les années 1980-1990, « les yuppies sont les jeunes citadins des professions libérales et techniques qui ont donné leur cachet aux voitures étrangères, aux restaurants huppés et aux fermes urbaines. » Au tout début des années 2000, c'est au tour des célèbres bobos de marquer leur époque. Barber cite la quatrième de couverture du livre de David Brooks, *Les Bobos*, qui présente ces derniers comme des consommateurs qui « sirotent des doubles laits écrémés, bavardent sur des portables et écoutent NPR en conduisant leur SUV immaculé vers Pottery Barn pour acheter des spatules en titane à 48 dollars. Ils descendent des allées de fromages spéciaux en bottes de randonnée haut de gamme et ne voient aucun problème à laisser cinq dollars pour un muffin herbe de blé olives. » Nombre de références, de produits, d'enseignes et de marques mentionnés ici sont propres à la société américaine mais le raisonnement d'ensemble est clair : « voilà une définition grand public d'identité aussi riche en placements de produits que la toute dernière superproduction d'Hollywood, et ses principaux repères sont des consommables », ironise Benjamin Barber, qui remarque que « c'est comme s'il fallait cerner l'esprit des Lumières par les vins servis à Voltaire, pas par le texte de *Candide*, ou le sens profond du romantisme par le tabac de la pipe favorite de Coleridge et non par sa poésie héroïque. »

C'est dans ce contexte brouillé et marqué par l'emprise de la culture commerciale, qu'apparaît la première contre-culture majeure du début du XXIe siècle, se soulevant à la fois contre les paysages et les modes de vie hérités des Trente génériques pour construire son propre compromis culturel et sa propre version de l'identité : la vague hipster.

4. PROMENADE GÉNÉRIQUE TOTALE

Il était impensable de terminer ce tour d'horizon de la France générique sans aborder l'univers périurbain et pavillonnaire, qui est aux Trente génériques ce que le logement collectif et les grands ensembles de banlieue furent aux trois décennies précédentes. Sa formidable progression depuis la fin des années 1970 en a fait l'habitat-type des classes moyennes, à une époque où celles-ci représentaient le point de référence de la société française.

Les centres commerciaux et les autoroutes n'ont jamais prétendu être autre chose que ce qu'ils étaient, des espaces fonctionnels souvent considérés comme froids, moches et inhospitaliers, permettant de faire ses courses ou de se déplacer facilement. Il en va tout autrement de la maison individuelle qui s'est imposée avec la promesse d'apporter aux Français le style de vie de la *suburbia*, la banlieue pavillonnaire américaine. Alliant la dimension spatiale – par sa localisation campagnarde et périphérique – et l'ambition socioculturelle – celle de transposer l'*American way of life* à la lisière des bourgs français – la France pavillonnaire peut être abordée comme un climax du générique, un véritable pic de *fake*.

Un faux village néo-provençal installé à côté du Flunch

Notre promenade débute en Provence. Plus exactement au cœur de Plan de Campagne, l'une des plus anciennes et des plus vastes aires commerciales du pays. C'est un corridor de boîtes à chaussures datant de la préhistoire de la France moche, érigé au début des années 1970. Mis à part ses centaines de boutiques et ses dizaines de restaurants franchisés, ses trois centres commerciaux, son axe principal en bordure duquel sont installés les cuisinistes dans leurs entrepôts géants, son cinéma multiplexe et ses trois ronds-points, Plan de Campagne peut s'enorgueillir d'abriter le « village » *Expobat*. Reconstitution de village qui se déploie sur quelques ruelles comme un mini-parc pour adultes, *Expobat* est un catalogue de vente à l'échelle 1:1 dans lequel on peut se promener, chaque maison témoin étant l'œuvre d'un promoteur qui la fait visiter aux couples et aux familles qui souhaitent construire la leur.

Identité provençale oblige, les constructeurs portent des noms folkloriques comme « Maison Tradisud, la maison de qualité depuis 1983 », « Villas la Provençale, bâtisseurs de bonheur durable, votre constructeur de maisons individuelles depuis 1990 », « Les maisons de Manon, filles du sud », « Bleu Provence ». La revendication de la tradition jure avec la jeunesse de ces entreprises, dont les dates de création correspondent au boum de la construction des lotissements en France. L'architecture respecte à la lettre le cahier des charges de la maison de style néo-provençal : toit en tuiles, loggia, muret de pierre, cyprès, oliviers, fontaine et puits dans le jardin. Un tableau convaincant de la Provence réinventée.

À l'invitation du vendeur qui me voit prendre des photos depuis l'extérieur, je pénètre dans un modèle d'exposition d'un promoteur spécialiste de la vente de *packs* – équipement de salles de bains, peintures, finitions – pour des maisons prêtes à vivre. Dans le salon de cette maison témoin, un assemblage de photos de New York et un poster de bouddha sont fixés au mur. Un magazine consacré aux *fablabs* a été posé sur la table basse. Le couloir dessert des pièces qui devraient être des chambres d'enfants, mais abritent en réalité les bureaux des commerciaux, un détail qui renforce le caractère burlesque de ce *village*. Les promoteurs ont ainsi installé leurs espaces de vente à l'intérieur de chaque maison témoin et, en pénétrant dans un living-room familial de style contemporain, on peut surprendre une réunion portant sur les objectifs trimestriels de l'équipe. Le Bitume est neuf, le marquage qui délimite les places de parking est d'un blanc impeccable, les pelouses sont parfaitement entretenues. Le gravillon, les blocs de climatisation posés à l'extérieur, les fils, tuyaux et câblage qui dépassent des murs : tout est en place, ne manque plus que les habitants pour que les maisons s'animent et soient raccordées à la grande famille des pavillons déjà en activité. L'ensemble dégage une désagréable impression de fausseté d'autant plus nette que ce pseudo-village nain a été planté au cœur d'une immense zone commerciale.

Comme dans un court-métrage de *La Quatrième dimension* ou une nouvelle de Philip K. Dick, les habitants du village témoin qui lèveraient les yeux vers le ciel depuis la *rue d'Amsterdam* prendraient soudainement conscience qu'ils sont cernés d'axes routiers et de grandes surfaces alors qu'ils imaginaient vivre dans un noyau villageois provençal authentique depuis leur plus tendre enfance. « Papa, ça veut dire quoi, Flunch ? », s'inquiéterait la petite fille en apercevant le scintillement des lettres du logo de la chaîne de restaurant.

Cette proximité entre ce qui se présente comme le vrai – le village provençal – et ce que chacun associe au faux – la zone commerciale – génère un inconfort visuel et rend transparente la véritable fonction de tout ce décorum pseudo-villageois. L'architecture régressive néo-provençale, les matériaux traditionnels, les alentours immédiats entretenus comme s'il s'agissait des jardins de Versailles, le discours commercial rassurant qui promet un *safe space* villageois, sont en réalité là pour nous faire oublier le voisinage oppressant de la périphérie commerciale et tertiaire de Marseille et d'Aix-en-Provence, celui qui s'est imposé dans tout le territoire urbanisé français. La localisation du village-exposition de maisons traditionnelles en bordure de la zone commerciale est une illustration littérale de l'urbanisme chaotique contre lequel ce « village » proteste de toutes ses forces par ses choix architecturaux, paysagers et philosophiques.

Dans son étude d'un village provençal transformé par la périurbanisation, Jean-Pierre Le Goff remarque que l'explosion des fêtes traditionnelles, des banquets et des commémorations durant les années 1980 a coïncidé avec la prise de conscience paradoxale que « c'en était fini de l'ancien village et de ses traditions[43] ». « Modernisation et retour vers le passé allaient de pair, poursuit le sociologue, comme si on voulait retrouver des racines identitaires face à un avenir dont on savait qu'il ne ramènerait jamais les anciens modes de vie. » Marc Augé avait pressenti l'espèce de malaise « grolandais » que générerait la cohabitation dans le même espace-temps de ces lieux saturés d'histoire avec les non-lieux de la modernité. Une coexistence particulièrement loufoque dans la mesure où les seconds adorent emprunter leurs mots aux premiers, « comme on voit sur les autoroutes, où les "aires de repos" – le terme "aire" étant vraiment le plus neutre possible, le plus éloigné du lieu et du lieu-dit – sont parfois désignées par référence à quelque attribut particulier et mystérieux du terroir proche : aire du Hibou, aire du Gîte-aux-Loups, aire de la Combe-Tourmente, aire des Croquettes… »

Une version deux de Paris

Le modèle indépassable du genre pavillonnaire ne se situe cependant pas en Provence mais en région parisienne autour de Disneyland Paris, dans la ville nouvelle de Val d'Europe. Quand le parc d'attractions de la multinationale du divertissement s'implante au début des années 1990 à trente kilomètres de la capitale, l'État lui vend des terrains pour construire son parc d'attractions, ses hôtels et ses coulisses. Ce vaste complexe de loisirs se repère très facilement sur une carte : il est situé à l'intérieur d'un immense anneau routier parfaitement circulaire. On pourrait croire que la vie normale reprend le dessus une fois ce périmètre franchi. En réalité, l'expérience Disney se poursuit dans la vraie ville et dans la vraie vie au-delà des limites de son parc. Car Disney ne s'est pas contenté de construire un *resort touristique* ; l'entreprise a aussi supervisé le développement de plusieurs quartiers d'habitations : c'est le Val d'Europe.

Cette « ville Disney » est un ensemble de programmes immobiliers qui se sont greffés aux anciens noyaux villageois. Elle s'est d'abord développée sur la commune de Serris, l'une des cinq dont la réunion correspond au périmètre du Val d'Europe. Son centre urbain accueille les équipements publics de la ville mais sa caractéristique principale est d'être bâti autour d'un centre commercial accessible depuis une gare RER. L'architecture du centre commercial fermé, surmonté d'une verrière à armature de fer, est inspirée du style des grands magasins parisiens du XIXe siècle.

Tout autour de ce cœur de ville nouvelle, Disney a fait construire des logements collectifs qui imitent le style du Paris haussmannien. Les promoteurs ont produit d'assez bonnes copies d'immeubles de rapport, respectant les proportions, certains matériaux comme les ferronneries, les couleurs, la blancheur de la pierre de taille, le gris des toits en zinc. Le long de ces larges avenues dessinées comme des percées haussmanniennes, ils ont respecté l'alignement parfait des façades et introduit de très nombreux éléments de mobilier urbain qui contribuent au réalisme de l'ensemble : réverbères, lanternes et candélabres fixés aux murs des bâtiments, arbres plantés à intervalles réguliers, plaques bleues pour les noms des rues. Même le local poubelle de chaque résidence est de style néo-haussmannien.

Ayant été érigé au tournant du millénaire, Le Val d'Europe donne l'étrange impression d'une version 2 de Paris, sorte de *back-up* qui n'aurait pas encore servi et qu'on aurait entreposé à trente kilomètres de la capitale pour le cas où il faudrait recommencer la partie sur une nouvelle *map*. C'est un Paris flambant neuf mis aux normes ISO, débarrassé des scories de l'histoire et muni d'accès handicapés. Visiter Val d'Europe un week-end vous plonge dans une expérience à vrai dire bien plus ludique et dépaysante que les attractions Disney situées à quelques kilomètres.

Un Truman Show *à la française*

Au-delà, la ville Disney continue sous une autre forme : celle du pastiche de village français. Les cinq noyaux villageois de la Brie qui préexistaient au projet ont été partiellement disneylandisés. Alors que pour son centre urbain, Disney a imité Paris, ce qui est sorti de terre aux abords des villages comme Magny-le-Hongre ou Bailly-Romainvilliers est « une imitation, à la manière du *Truman Show*, d'un village français du siècle précédent, qui serait sortie du sol pendant la nuit ». C'est par ces mots que le photographe allemand Christoph Sillem, qui a réalisé ici plusieurs séries de photos, décrit ces nouveaux quartiers[44].

Dans la mesure où le Val d'Europe est la réinterprétation par le prisme Disney de ce que serait un village français, certains équipements rattachent les habitations à la culture de la banlieue pavillonnaire américaine, comme les portes de garage basculantes, le panier de basket planté dans le jardin, les bandes piétonnes à la place des trottoirs, les rues en cul-de-sac. Les façades des maisons à peine construites sont revêtues d'enduits de différentes teintes allant du beige clair à l'ocre, alors que des fenêtres en forme de hublots donnent un aspect de château de conte de fées aux demeures, la signature Disney ! « Vous avez l'impression d'être dans un autre pays qui ferait semblant d'être la France, bien que vous soyez effectivement en France », résume le photographe pour rendre compte de la fascination qu'exerce cet urbanisme sur le visiteur.

Ce n'était pas la première fois que Disney se lançait dans la création d'une ville : l'entreprise avait déjà bâti une première « communauté » dans le prolongement de son parc de Floride, un projet baptisé « Celebration ». Le terme qui s'impose pour décrire les morceaux de ville réalisés sous la supervision de Disney est « cartoonesque ». Le Val d'Europe consiste en une simplification absolue de l'idée de ville : c'est un ensemble hypercohérent d'informations transmises au promeneur, épurées de tout signal divergent voire contradictoire. Généralement, il existe un décalage entre ce que les maquettes et les rendus en 3d promettent et ce qui est livré.

Pas ici. Avec la maîtrise intégrale du processus d'urbanisation, qu'elle entreprend de zéro, Disney garde le contrôle absolu et fait jaillir de terre l'idéalisme pur[45].

Si la référence au film *The Truman Show* revient avec insistance lorsqu'il est question de l'univers Disney, d'urbanisme de table rase et plus généralement des années 1990, ce n'est pas tout à fait par hasard. Film d'anticipation sur l'emprise de la consommation dans nos vies quotidiennes, ce film rapidement devenu culte a égratigné une vision de l'urbanisme et de la société qui promettait de fabriquer des environnements dans lesquels les habitants seraient heureux. *The Truman Show* est une comédie américaine réalisée par Peter Weir en 1998 et dont le héros Truman Burbank, interprété par l'acteur Jim Carrey, a grandi dans une petite ville de bord de mer qu'il n'a jamais quittée. Sa vie est une répétition insouciante et prévisible de moments d'une banalité extrême, ennuyeux jusqu'à l'étrange, qui ont pour cadre un décor iconique de banlieue pavillonnaire américaine : des maisons identiques alignées de part et d'autre d'allées qui se terminent en impasses, une clôture blanche qui délimite les terrains, des voisins exagérément souriants... Cette apparente normalité cache néanmoins un lourd secret que Truman est le seul à ignorer. Il est filmé en permanence depuis sa naissance par plusieurs centaines de caméras cachées réparties dans les moindres recoins du gigantesque plateau de la plus ambitieuse émission de téléréalité jamais réalisée dans l'histoire, et les téléspectateurs du monde entier suivent ses faits et gestes en direct depuis ses premiers pas dans la vie : c'est *The Truman Show*. Les habitants de la petite ville modèle, les amis de

Truman, sa femme, tous sont des acteurs payés par la production pour jouer leur rôle.

Les scènes d'extérieur furent tournées en Floride, dans la station balnéaire de Seaside. Ouverte en 1978, la ville a été construite selon les principes qui ont guidé Disney dans ses œuvres urbaines : une architecture qui imite les styles anciens, une maîtrise complète de l'environnement, un centre-ville piéton – ce qui est l'exception dans les villes américaines. Le réalisateur a donc choisi comme lieu de tournage une vraie ville pour y filmer des scènes censées se dérouler dans un décor en carton-pâte de studio de télévision. Car toute l'idée du *Truman Show* repose sur la fausseté poussée à l'échelle maximale : celle de la vie d'un individu, de sa naissance à sa mort, faisant ainsi écho à nos pires craintes de confiscation du réel par des entités extérieures qui nous imposent nos conduites et nous dictent nos modes de vie.

Au-delà de sa critique évidente du penchant des médias audiovisuels pour le voyeurisme, exprimée en pleine folie de la téléréalité, les fans ont vu dans la fable de Truman une allégorie plus profonde du mode de vie occidental tel qu'il s'était développé à la fin du siècle dernier, une préfiguration divertissante et scénarisée de *No Logo*, qui sera publié deux ans plus tard en anglais, avant d'être traduit en France en 2001. Le génie du *Truman Show* est d'avoir mis en image de manière littérale une analyse que les intellectuels qui s'étaient penchés sur le sort de la *suburbia* avaient jusque-là avancé de façon métaphorique : le fait que la vie quotidienne dans la banlieue pavillonnaire était tellement *fake* et stéréotypée qu'elle ressemblait à un produit dérivé des publicités télévisées, deux « inventions » de l'Amérique de l'immédiat après-guerre.

Pour en revenir au cas français, Disney a construit avec le Val d'Europe quelque chose comme un essai de laboratoire de ce qui aurait pu devenir la ville du futur à l'ère générique. La firme a poursuivi jusque dans ses conséquences ultimes la tentation qui a animé la société française au tournant du millénaire : celle d'édifier un monde plus lisse sur les ruines de l'ancien. On le comprend d'autant mieux une fois que l'on quitte le territoire placé sous la direction artistique de Disney. Il suffit parfois de traverser une rue pour se retrouver hors de son influence et reprendre difficilement contact avec la réalité : des indices signalent alors au promeneur qu'il est de retour dans l'espace français standard, dans le vrai paysage de la vraie Seine-et-Marne. Tout commence par un tag sur un mur défraîchi. Les voitures alignées sur la chaussée changent de taille et de modèle. Les détritus réapparaissent. Certains jardins sont jonchés d'objets ou de meubles qui pourrissent. L'impression d'harmonie se fissure. Ce retour à la « vraie » ville nous fait rapidement regretter l'harmonie, même factice, même à échelle microscopique, de ce que Disney a tenté d'ériger sur le sol français. C'est bien le signe que la version disneyenne de l'espace public s'est infiltrée dans des environnements très divers et qu'elle guide désormais nos attentes. En 2001, un numéro resté culte du magazine *Technikart* consacrait son dossier de Une à un phénomène de plus en plus prégnant, « l'authentoc », soit la transformation progressive du territoire en vaste parc d'attractions hexagonal : « Un endroit chic, où il fait bon vivre mais où tout donne la désagréable impression d'être en toc. Rues piétonnes et fleuries, boulangeries *tradition*, bistrots avec menus sur ardoises... La France ? C'est devenu

Disneyland ! », affirme alors le magazine branché des années 1990-2000. Cette déclaration de guerre à la *fake* France sera l'un des prémisses du retour du vrai, un processus qui s'est enclenché à partir du milieu des années 2000.

III.
À LA RECHERCHE DE L'AUTHENTICITÉ PERDUE

« Les hipsters sont un sujet superficiel, et pourtant leur existence met en jeu tellement de choses ».
Mark Greif, essayiste

1. BIENVENUE À HIPSTER VILLE

Emma est une cliente fidèle de drugstore, le café indépendant qui a récemment ouvert à l'angle de sa rue. Les jeunes propriétaires ont fait d'importants travaux dans cette ancienne droguerie dont la devanture d'origine a été partiellement conservée. D'une typographie désuète, un bloc-enseigne lumineux délabré annonce : « Parfumerie-

Cadeaux ». À une autre extrémité de l'entrée on lit, « Bazar-Produits de ménage », des termes qui renvoient à l'ancienne vocation du commerce. Sur un panneau d'ardoise posé sur le trottoir, quelques mots tracés à la craie de manière soignée et enfantine soulignent la philosophie du lieu : « Local, indépendant, fabriqué sur place, bio, sans gluten ». Côté menu, la carte volontairement courte de Drugstore comprend des *avocado toasts*, un *granola bowl*, des *blueberry pancakes gluten free* ainsi qu'un choix de boissons chaudes aux dénominations compliquées – *expresso single* ou *double shot*, *latte*, *macchiato*, *cortado*.

À l'intérieur, la décoration évoque un passé pour lequel la jeune fille éprouve de la nostalgie : une platine et ses vinyles rangés sur une étagère en chêne massif et armature en acier de style industriel, un téléphone à cadran vert olive, un imposant buffet en Formica dont les griffures témoignent des vies précédentes, un téléviseur à écran bombé sur pied tulipe, une tête de cerf empaillée fixée au mur, des lampes équipées d'ampoules à filament qui pendent du plafond, des carreaux de céramique aux motifs d'inspiration mauresque au sol, des murs mis à nu qui révèlent l'armature de béton du bâtiment. À l'entrée, les fumeurs peuvent s'asseoir sur une banquette de métro ponctionnée dans un ancien pays du bloc soviétique ou s'installer dans une télécabine de station de sports d'hiver du milieu des années 1980.

Sur les tables traînent des livres de photographie documentaire qui capturent la vie, les loisirs et l'environnement urbain des habitants des banlieues pavillonnaires américaines des années 1970 et 1980 : *Uncommon places* de Stephen Shore, *Suburbia* de Bill Owens. Les clients de Drugstore peuvent également consulter sur place une sélection de titres contemporains, des magazines aux noms énigmatiques comme *Monocle* ou *Kinfolk*. Par un étrange effet de mise en abyme, leurs pages de papier mat au grammage épais publient des reportages photographiques consacrés à des lieux qui ressemblent beaucoup à celui dans lequel Emma se trouve actuellement : galeries d'art, studios d'architecture et de design, bureaux d'accélérateurs de *start-up*, espaces de *coworking* ou de *co-living*, ateliers numériques ou *fablabs*, sièges d'agences immobilières haut de gamme, salles de rédaction de médias numériques, restaurants *farm to table*, quartiers industriels en friche faisant l'objet de projets de rénovation urbaine à Varsovie, à Londres ou à Copenhague. Les clients de Drugstore eux-mêmes, par leur style de vie, s'apparentent au type de personnes photographiées dans ces magazines : une infanterie légère de vingtenaires *freelance*, consultants, *webdesigners*, *community managers* occupés à rédiger des emails et à gérer des projets complexes à distance sur des plateformes dématérialisées depuis leurs MacBook 13 pouces.

Emma s'attarde sur le motif de feuille dessiné avec la mousse de son café *latte* par le barista. Avec sa couleur bleu pâle et ses courbes apaisantes, la tasse en porcelaine est une invitation au partage sur Instagram. Ce n'est pas le seul objet de la pièce qui semble avoir été conçu pour capter la lumière et flatter les réseaux sociaux. La machine à café professionnelle italienne La Marzocco à l'élégant design profilé posée sur le comptoir comme un trophée, les sucriers à bec verseur en métal, les verres Duralex, les cloches sous lesquelles reposent les *scones*, les *banana breads* et les *cookies*... Tous les objets qu'Emma embrasse du regard dans cet établissement semblent pressés de raconter leur histoire au client. Chacun mériterait une place dans un musée de la vie occidentale du XXe siècle. Leur valeur comme image à photographier, à éditer et à diffuser semble avoir dépassé leur valeur d'usage, désormais simple prétexte à leur présence. Les milliards de choses que le monde matériel nous laisse en héritage sont en train de quitter leur ancienne fonction utilitaire pour migrer vers un autre niveau de réalité et devenir un système de communication, un pur lexique au sein duquel puiser pour composer le texte de son choix.

D'autres commerces du quartier d'Emma s'amusent à recréer une ambiance rétro en s'inspirant des manières du passé. En ce début de siècle, des termes désuets comme quincaillerie, crèmerie, fabriquerie, brûlerie, estafette, maison, pension, slip ou de vieilles marques comme Manufrance, Testut, Motobécane sont devenus des signes à consommer sur le marché de la nostalgie. Les prononcer ou les écrire à la lettre peinte sur la devanture d'un commerce revient à convoquer un riche univers d'évocations prêtes à être réactivées au second degré en vue de leur commercialisation.

En descendant la rue, on découvre ainsi tour à tour *Tubercules*, un vendeur de variétés anciennes de légumes locaux, de préférence moches et recouverts de terre, issus de maraîchers installés dans un rayon de quarante-cinq kilomètres, un torréfacteur nommé *Lucette*, *Maison Purée*, un concept-store monoproduit pensé autour de l'univers de la pomme de terre, la poissonnerie *Eugène*, la cave à bières *Hector* et l'artisan chocolatier *Armand*. À force d'emprunts ironiques et de clins d'œil esthétiques aux commerces du passé, il est devenu difficile voire impossible de faire la distinction entre les commerçants qui ont ouvert boutique depuis quelques mois et les « vrais » vieux commerces restés « dans leur jus », qui ont survécu à toutes les vagues d'installation et à toutes les modes. Ces vestiges finissent par ressembler à une pâle copie des néo-commerçants qu'ils ont pourtant inspirés.

Emma est responsable de production dans une agence de communication visuelle, *The Real Thing*. Cette petite entreprise s'est spécialisée dans les illustrations de la vie courante. Les clients peuvent piocher dans une immense banque d'images pour leurs supports de communication en puisant au sein d'un large catalogue photographique de scènes de la vie quotidienne : un couple d'âge mûr en train de jardiner, un adolescent qui joue à la *Playstation*, trois copines de bureau qui s'esclaffent en mangeant une salade verte lors de leur pause déjeuner dans un square : toutes les configurations ou presque sont traitées par les photographes de *The Real Thing*. Les photos et les saynètes vidéo sont cataloguées sur le site internet de l'agence, avec un aperçu visuel et une description qui se veut exhaustive et procure une étrange sensation d'irréalité, comme par exemple cette vidéo qui annonce : « *Hipster woman having a funny soap bubbles party close to a vintage van to celebrate a summer road trip* » (« Femme au look hipster s'amusant à faire des bulles de savon lors d'une fête à côté d'un van vintage dans le cadre d'un *road trip* estival »).

Le regard d'Emma s'attarde sur les bocaux en verre alignés sur les étagères entre les pots de plantes grasses, les cactus nains et les sachets kraft de café fraîchement torréfié. Le dernier *shooting* de l'agence mettait en scène un hipster ressemblant au barista dans un décor très similaire, au point qu'elle se demande qui du propriétaire du *coffee-shop* ou de la décoratrice de plateau de l'agence décide en première instance à quoi doit ressembler un lieu dans l'air du temps… Ce malaise est parfaitement exprimé dans un livre qu'Emma lit depuis quelques jours, et dont une des premières phrases l'obsède : « Tout ce qui était directement vécu s'est éloigné dans une représentation. » Ce livre, c'est *La Société du Spectacle* de Guy Debord. Le style est alambiqué et le texte truffé de messages politiques abscons, mais quelques formules semblent s'appliquer merveilleusement au quotidien d'Emma. Par exemple, elle s'est rendu compte que son métier revenait à constituer un stock de situations plausibles de la vraie vie dans lequel puiser, un inventaire des interactions génériques qui ont lieu entre individus dans la société contemporaine. Peut-on faire plus *fake* ? Emma a appris que Debord s'était suicidé en 1994. Qu'aurait-il pensé des espaces de *coworking* aux murs décapés, des *coffee-shops* dont la déco vintage célèbre un sens artificiel du passé, des *shootings* dans un entrepôt transformé en boutique de mode ? Aurait-il actualisé son texte originel, en écrivant que « dans le monde réellement inversé, le vrai est un moment du *fake* », ou que « les Instagram d'*avocado toasts* sont le mauvais rêve de la société du spectacle, qui n'exprime que son besoin de dormir » ?

L'AirSpace *ou l'avènement de l'authentique global*

Que retenir de cette description d'un café à la mode, qui pourrait se trouver dans n'importe quelle capitale occidentale du début du XXIe siècle ? Entre le milieu des années 2000 et des années 2010, alors que l'idée de globalisation était désormais assimilée à force d'intégration à notre vie quotidienne, et que les années génériques avaient laissé l'esthétique *fake* se répandre sans garde-fou, des tendances divergentes ont commencé à se manifester, et les villes globalisées ont vu apparaître sur leur sol un nouveau type de lieu qui prenait le contre-pied des non-lieux.

Ce nouveau type, c'est l'*AirSpace*. L'invention du terme et sa théorisation reviennent à un journaliste et essayiste américain, Kyle Chayka, qui l'a introduit dans un article paru en 2016[46]. Dans ce néologisme intraduisible, « *Air* » évoque le flottement, le caractère éthéré, l'absence de matérialité, comme dans la discipline ludique du *Air guitar* qui consiste à mimer des solos sans instrument ; « *Space* » renvoie à la notion de lieu, d'espace. D'où l'idée véhiculée par l'*AirSpace* : un lieu qui n'est situé nulle part, qui flotte dans les airs et qui se propage autant dans l'espace physique qu'à travers les réseaux dématérialisés.

À quoi ressemble l'*AirSpace* ? À un café branché, aux locaux d'une agence web, à un appartement de designer scandinave. Même s'il n'existe pas de charte graphique ni de définition universelle de l'*AirSpace*, on le reconnaît dès qu'on y pénètre. Les extérieurs sont généralement de larges baies vitrées donnant à tout lieu une touche d'austérité nordique. Les intérieurs richement meublés débordent d'antiquités et suggèrent « un sens superficiel du passé », une recréation *hipster* de l'histoire. L'*AirSpace* désigne ce « règne des *coffee-shops*, des bars, des bureaux de *start-ups*, des espaces de *coworking* et de *coliving* qui partagent une même marque de fabrique où qu'ils se trouvent : une profusion de symboles de confort et de qualité, à tout le moins pour certains connaisseurs. Du mobilier minimaliste. De la bière artisanale et des *avocado toasts*. Du bois brut. De l'éclairage industriel. Des cafés *cortados*. Une connexion internet très haut débit. »

Le *coffee-shop* indépendant sonne de prime abord comme une revanche de l'authenticité sur les non-lieux et le mode de vie générique. Une réponse typiquement *millennial* à la domination mondiale de la chaîne de cafés Starbucks. Alors que cette dernière était une multinationale développant son empire commercial et sa marque selon une politique de réplication standardisée accordant assez peu d'importance au contexte local, les *coffee-shops* indépendants qui sont apparus par milliers avaient pour ambition de proposer des atmosphères décalées, surprenantes, uniques et authentiques, prenant le contre-pied d'enseignes de l'ère générique comme Starbucks.

Et c'est là qu'intervient le grand paradoxe de l'*AirSpace* : comme c'était le cas avec les non-lieux, dès que vous pénétrez dans un *AirSpace*, vous avez l'impression d'être nulle part. « L'interchangeabilité, la circulation permanente, l'absence d'expression symbolique qui étaient autrefois la marque de fabrique des hôtels et des aéroports, [...] se sont étendus au reste de la vie » et s'appliquent désormais à d'autres types d'espaces, écrit Kyle Chayka. Avec cette nouveauté remarquable que les causes de l'homogénéisation sont cette fois différentes : ces cafés qui se ressemblent tous ne sont pas les succursales d'une chaîne internationale de restauration. « Il s'agit de lieux qui ont tous indépendamment décidé d'adopter la même esthétique pseudo-artisanale », constate l'auteur.

Dans *AirSpace*, « *Air* » est aussi un clin d'œil à la plateforme de location de meublés entre particuliers Airbnb.

L'esthétique *AirSpace* est particulièrement bien représentée sur les photos des annonces postées sur le site à partir de 2012, lorsque la plateforme a adopté un standard visuel haut de gamme s'inspirant des magazines de décoration et de *lifestyle*. Après avoir « disrupté » l'industrie hôtelière et l'avoir ringardisée en proposant une alternative au moins aussi confortable et d'apparence plus conviviale, Airbnb s'est professionnalisé et a progressivement offert les mêmes prestations qu'une chaîne d'hôtellerie – à ceci près qu'elles sont exécutées une myriade de petits propriétaires indépendants. Airbnb promet le confort, bien entendu, mais également l'assurance de la similitude, une qualité que seul un groupe multinational entièrement intégré ou dont les établissements opèrent sous franchise pouvait jusqu'à présent garantir. Mais l'entreprise propose plus que l'expérience hôtelière du non-lieu des *nineties* houellebecquiennes : « Elle promet quelque chose comme un Holiday Inn mais avec plus de style et en moins téléphoné : un espace générique masqué par une apparente singularité en façade », décrit Kyle Chayka. En alliant le meilleur de l'hôtel impersonnel et standardisé au charme convivial et familier du *bed and breakfast*, Airbnb a inventé un nouveau standard qu'on pourrait qualifier de « générique authentique ». « Ça n'est pas tout à fait comme dans un Holiday Inn qui est exactement le même partout, mais on éprouve une sensation de familiarité au cœur même de la diversité », résume un interlocuteur de Kyle Chayka, lequel investit de son côté dans des projets de *start-ups* développant des services similaires. Ainsi l'appartement idéal devra proposer un dosage satisfaisant de symboles culturels locaux et de marqueurs familiers, instantanément identifiables pour le voyageur qui recherche une authenticité apprivoisée et, si possible, aux normes esthétiques et technologiques du moment.

Incarnation de l'*AirSpace*, nouveau lieu identitaire et interchangeable, authentique et générique, l'appartement Airbnb est devenu l'équivalent d'un magazine de styles de vie dans lequel chacun peut séjourner le temps d'un week-end. En 2015, un couple de designers français dont l'appartement était en location sur la plateforme l'a appris à ses dépens, à l'occasion d'une affaire qui ressemble à une nouvelle de science-fiction existentielle de Philip K. Dick. L'appartement parisien du couple a été entièrement reproduit au siège d'Airbnb à San Francisco, qui utilise parfois des reconstitutions d'appartements de ses clients comme salles de réunion pour ses cadres. En découvrant sur un blog de design que son intérieur était devenu une sorte de *showroom* de l'entreprise, le couple a poursuivi Airbnb en justice, l'accusant de « construire sa marque avec nos vies[47] ». Pour que le couple obtienne gain de cause, il faudrait que la reproduction de leur intérieur soit de même nature légale que l'habillage commercial d'un point de vente d'un réseau de boutiques franchisées ou de succursales comme Starbucks ou McDonald's. Ce serait alors la preuve ultime que nos vies, en tout cas celles de certains designers parisiens, sont devenues des marchandises sur le marché de l'hyper vrai.

▶ L'*AIRSPACE*, SYNTHÈSE DU VRAI LIEU ET DU NON-LIEU

À première vue, l'*AirSpace* tourne donc le dos à tout ce qui permettait de définir un non-lieu des années génériques : c'est un lieu refuge, un *safe space* d'après l'ère des non-lieux, une réponse créative et ironique à la solitude et à la similitude produites par les espaces de la surmodernité. Rien sur terre n'est plus éloigné d'une aire d'autoroute ou d'un hall d'aéroport international qu'un *coffee-shop* Instagram ou que l'intérieur d'un restaurant sanctifié par *Le Guide du Fooding*.

Les trois critères de définition du lieu anthropologique selon Augé, à savoir la présence d'histoire, d'une identité forte et de relations authentiques entre les individus – qualités dont les non-lieux étaient dénués –, sont précisément les traits qui permettent d'identifier un *AirSpace*...

L'histoire d'abord : tout, dans un *coffee-shop* hipster, doit en avoir une, de la tasse de café *latte* au fauteuil club sur lequel on le déguste, en passant par le *banana bread*, probablement issu d'une recette de la grand-mère du chef, sans oublier l'espace qui est lui-même installé dans les murs d'une ancienne boutique, d'un ancien atelier ou d'une ancienne usine. La dimension pseudo-historique de l'*AirSpace* s'apparente à une forme de *sourcing* temporel, équivalent de la transparence des filières qui approvisionnent les nouveaux espaces de restauration.

La composante identitaire, deuxième dimension, se remarque dans les choix éthiques et esthétiques des baristas : aux marques génériques de la globalisation, ils préfèrent le café équitable torréfié sur place, vendu dans des sachets en Kraft sous l'égide de petites marques mignonnes, locales et rassurantes dont le processus de production et la philosophie des fondateurs occupent généralement un dépliant trois volets ou une page entière du site internet. Les signes visuels des grandes marques commerciales sont généralement bannis. Il serait presque blasphématoire de sortir une canette de Coca-Cola dans un *coffee-shop* hipster – Apple est généralement l'exception à cette règle de l'*anti-corporate*. La signalétique « autoroutière » qui procure aux non-lieux leur atmosphère sinistre et désincarnée est totalement absente de ces espaces, les managers leur préfèrent des enseignes vintage, des menus écrits à la main sur des tableaux noirs avec de petits dessins enfantins, des cartes minimalistes à petits caractères inscrits sur fond blanc cassé.

Enfin, les relations personnelles privilégiées, troisième dimension du « vrai lieu », sont marquées par l'usage fréquent du tutoiement ou de messages paradoxaux comme « Levez les yeux de votre MacBook » ou « Ici il n'est pas nécessaire de passer par Instagram pour parler à votre voisin ».

Ainsi, le *coffee-shop* réalise-t-il la synthèse de notre récente aspiration à l'authentique et des standards imposés à l'ère générique : il promeut l'idéal du bar de quartier ou du restaurant familial, mais dont les « *pain points* », ces frictions dans l'expérience client, auraient été évincés : les piliers de bar, la crasse sur le comptoir ou la baguette défraîchie sont généralement effacés de la version hipster du vrai bar.

Notons que si l'*AirSpace* a déployé son offensive remarquée sur le territoire, les vrais non-lieux n'ont pas disparu pour autant. Leur nombre a même augmenté depuis le début des années 1990. La France compte ainsi plus de centres commerciaux et plus de restaurants

McDonald's sur son territoire qu'à la fin du siècle dernier. Plus d'autoroutes aussi. Des quartiers neufs émergent un peu partout sur le territoire. On peut toujours habiter une ville nouvelle, sortir de l'Autoroute A7, aller faire du shopping à Parly 2, prendre l'avion à Roissy, déjeuner dans un *Grill Courtepaille*. Et pourtant ces vastes portions du territoire ont été progressivement invisibilisées. Elles se sont évanouies des représentations. Vous ne les percevez plus, ou si peu. Ni dans les médias, ni sur les réseaux, ni dans les conversations ; elles ont été mises en sourdine au profit d'une nouvelle sensibilité urbaine, celle de l'*AirSpace* et du générique authentique.

Comment en est-on arrivé là ? Pour répondre à cette interrogation légitime, il ne faut pas aborder l'*AirSpace* comme un simple phénomène de mode, car c'est aussi et surtout un révélateur des nouveaux modes de vie urbains. En élargissant la focale, on constate tout d'abord que la description de ce processus d'« *air*spacialisation » déborde du domaine de l'architecture d'intérieur et s'applique fort bien aux quartiers dans lesquels la majorité des *coffee-shops* hipster et des appartements Airbnb sont situés. Selon Kyle Chayka, « toute une géographie de l'*AirSpace* se développe, au sein de laquelle vous pouvez faire le tour du monde sans jamais la quitter ». « À mesure que les membres d'un groupe social de gens aisés qui pratiquent l'entre-soi se déplacent au sein d'espaces reliés entre eux par la technologie, une sensibilité particulière se diffuse et ces petites poches géographiques ont tendance à converger et à devenir semblables entre elles », poursuit l'auteur. Ces (non-)lieux fonctionnent en réseau comme une entité cohérente, uniforme, et l'*Air-*

Space et ses avants-postes disséminés sur l'ensemble du territoire produisent un effet tunnel qui marginalise l'espace générique qui l'environne.

L'aspiration d'une classe mondiale à retrouver du sens et de l'authenticité dans ses lieux de consommation et dans sa vie quotidienne trouve son aboutissement territorial dans la *normalisation* esthétique des vastes portions de territoires annexées par l'*AirSpace*. Cet ensemble est devenu une sorte d'immense ambassade ou, si l'on veut, d'agence culturelle mondiale des goûts hipster officiant aux quatre coins du globe. En ces lieux, « le *brunch* est partout le même », que vous vous rendiez dans les quartiers créatifs et branchés de Londres, de Copenhague, de Lisbonne, de New York ou de Paris, constate froidement le journaliste. La classe sociale « mobile » des années 1990-2000, élite nomade décrite comme vivant en symbiose avec les *lounges* d'aéroport, s'efface progressivement du paysage dominant des sociostyles en vogue pour laisser place à la clientèle des restaurants de burgers gourmets et de bières artisanales, aux occupants des *coworkings* épurés qui accueillent des projets entrepreneuriaux innovants, aux habitués des cafés austères et minimalistes tenus par d'anciens chercheurs en biologie ou en urbanisme, aux collaborateurs des agences de communication et de design dont l'environnement intérieur ressemble aux *showrooms* qu'elles conçoivent pour leurs clients.

L'esthétique générique à l'heure d'Instagram

Pour comprendre d'où il vient et où il va, il est nécessaire d'inscrire l'*AirSpace* dans le contexte technologique qui l'a vu naître, celui de l'explosion des réseaux sociaux des années mi-2000 à mi-2010. L'*AirSpace* représente la première famille de lieux post-internet, c'est-à-dire entièrement produits dans une ère culturelle dominée par les réseaux, leur culture visuelle et leur imaginaire. Dans son article fondateur publié par le site *The Verge*, Kyle Chayka écrit que si les nouveaux moyens de communication ont fait évoluer la manière dont nous interagissons les uns avec les autres, ces outils ont également exercé une influence cruciale sur l'aménagement de l'espace. Comme Hollywood était l'usine à images du monde, la Silicon Valley est devenue le noyau central de l'*AirSpace*, disséminant des cellules d'intérieurs cool et des tranches de vie trépidante à l'infini, en tout cas autant qu'il est possible d'en stocker sur ses serveurs. Sauf que cette fois, c'est nous qui assurons le *show* et qui occupons le premier rôle du casting. C'est notre propre vie, en tout cas ce que l'on accepte d'en partager sur les réseaux, qui sert de décor à l'*AirSpace*.

L'ubiquité de l'*AirSpace* n'est pas sans rapport avec le fait que son esthétique est née sur les réseaux. La logique d'implantation et de diffusion de l'*AirSpace* semble résonner avec certaines des théories de la société de l'information qui furent très en vogue à la fin du siècle dernier et qui ont accompagné le développement d'internet. En particulier celle du sociologue de l'information Manuel Castells, selon lequel les lieux ont commencé à perdre de leur substance au tournant du millénaire, au profit de logiques de réseaux et de flux. La dématérialisation de la finance – sous le double effet de la dérégulation internationale et des possibilités offertes par les nouvelles technologies de l'information –, en constitue l'exemple caractéristique. Les flux financiers n'ont plus aucune localisation géographique. C'est aussi le cas des réseaux qui unissent les professionnels d'un même secteur, qui peuvent être répartis sur l'ensemble du territoire mais appartenir au même cyberespace, sorte de carrefour virtuel dématérialisé où s'échangent les informations.

Avec l'*AirSpace*, cette logique de réseaux franchit un pas supplémentaire et commence à modifier le territoire lui-même. En entrant dans un lieu estampillé « hipster », on a parfois l'étrange sensation que les images d'un fil Instagram de décoration d'intérieur ont débordé du réseau pour envahir la vraie vie et se répandre dans le monde physique, que ces espaces virtuels se sont accrochés arbitrairement sur des lieux hôtes choisis au hasard. L'*AirSpace* est comme un dépôt de cet espace des flux qui se fixerait sur des portions arbitraires de l'écorce du monde physique. Les lieux de l'*AirSpace*, s'ils doivent bien s'implanter quelque part, n'ont généralement aucune forme de relation culturelle avec leur société d'accueil, leur entourage immédiat ou avec leur *hinterland*.

L'internet a fini par modeler le monde physique pour le plier à ses principes de fonctionnement. Certes, tout cela ne s'est pas exactement passé comme les futurologues des années 1980 et 1990 l'avaient prédit : nous n'avons pas migré dans le cyberespace, sorte de doublure virtuelle de l'espace physique, ni dans une hyperville, zone de peuplement virtuelle accessible par les autoroutes de l'information[48]. C'est plutôt le Web qui a fait irruption dans la vraie vie, remontant les autoroutes électroniques à contresens pour déverser son esthétique mutante dans nos salons et dans nos cafés. Alors que les penseurs de la télématique et de la société en réseaux s'attendaient à voir émerger un art cinétique, une musique futuriste, des villes virtuelles de science-fiction et des maisons autonomes envahies par la domotique, internet nous a offert exactement l'inverse : des *coffee-shops* obsédés par la brocante et le mobilier de grand-mère installés dans des vestiges de l'ère industrielle, sur fond de musique organique composée avec de petits instruments vintage ou traditionnels. Les penseurs des réseaux avaient imaginé des cybernautes coincés dans la matrice des relations dématérialisées : il est arrivé exactement l'inverse, sous la forme d'une improbable farce sociohistorique : celle de la culture hipster.

Selon Kyle Chayka, l'inventeur et pourfendeur du style *AirSpace*, nous n'aurions plus besoin ni de lieux, ni d'objets, ni d'expériences, ni même de rencontres uniques, mais simplement d'un « *ready-made* », d'une « version générique » du lieu produite et commercialisée par le marché. La société de consommation des années 1970 fabriquait, distribuait et vendait des « choses » en grandes séries. La société hyper authentique vend de l'hyper vrai ; elle fournit des tranches de vie quotidienne, des ambiances, des cadres, des environnements qui, tout en ayant l'air uniques, sont répliqués à l'infini sur les fils Instagram. Les stéréotypes associés à la société de consommation ont évolué pour rendre compte de cette nouvelle dystopie : un long cheminement part du panier de la ménagère des Trente glorieuses, passe par le cabas de la shoppeuse de centre commercial des années génériques pour arriver au fil *Insta* de l'influenceuse contemporaine. Des « choses » chères à Perec, nous sommes progressivement passés aux « flux » d'images et d'informations. La boulimie de biens d'équipements et de denrées périssables n'est rien comparée à l'incontinence sémiotique de ces robinets numériques. Le pire étant peut-être que rien ne semble pouvoir arrêter ce flot ininterrompu d'images.

La brooklynisation du monde

Si l'*AirSpace* désigne une esthétique générique sans adresse fixe qui se propage sur toute la surface du globe, il est possible de distinguer certains ports d'attache sur la mappemonde de la culture hipster. À commencer par Brooklyn. Cas à part dans l'histoire moderne de la quête d'authenticité, cet arrondissement de New York est devenu en quelques années le foyer central et l'incubateur de la sensibilité néo-authentique. Au début de l'ère du *fake*, l'ancien quartier populaire a bâti son image sur des évocations en tout point opposées à ce que les étrangers et les touristes associaient à la ville de New York : les gratte-ciel, les foules solitaires toujours pressées hélant des taxis, les sirènes de police. Le 11 septembre est passé par là : une certaine idée du rêve américain s'est effondrée pour toujours avec les tours du World Trade Center, donnant à Brooklyn le champ libre pour devenir la nouvelle incarnation de New York.

Au tournant du millénaire, Brooklyn, connecté au quartier d'affaires de Manhattan par plusieurs ponts suspendus et une ligne de métro, attire grâce à ses loyers modérés une nouvelle population d'artistes, de réalisateurs, d'acteurs, de musiciens, de graphistes, de journalistes, d'écrivains ainsi que de jeunes cadres qui ne peuvent plus vraiment se loger sur la presqu'île.

Cette population fait renaître les entrepôts et les usines à l'abandon, transformés en galeries d'art ou en lieux de performances. À ce dynamisme artistique et culturel se superpose le développement de toute une activité économique néo-artisanale, avec des implantations emblématiques comme celle de la microbrasserie Brooklyn Brewery. Ce *revival* donne naissance à un mix créatif et à une image de marque très cohérente, le *made in Brooklyn*. À partir de cette renaissance, Brooklyn devient « un produit local identifiable pour la consommation culturelle globale », selon les termes de la sociologue Sharon Zukin. Ses productions de « marchandises culturelles » fonctionnent comme des marqueurs de distinction sociale et seront bientôt consommées par les hipsters du monde entier[49].

On peut lire le succès de Brooklyn et la relégation concomitante de Manhattan – qui avait capturé l'imaginaire des années 1980 et 1990 avec ses *yuppies* – comme la revanche de l'hyper vrai sur le *fake*. Comme l'*AirSpace*, dont il est une émanation et un prolongement, Brooklyn est le nouveau décor de notre temps. Aux matériaux contemporains et aux modes d'organisation et de déplacement froids et mécanisés, comme l'*open space* ou l'escalator succède le « brooklynisme », ses matériaux bruts, son esthétique néoartisanale, ses formes rétro et sa chaleur pseudo-authentique qui flirte avec l'écœurement.

Le dernier stade de la reconnaissance a été la conversion de cette valeur symbolique en valeur financière, avec l'arrivée d'investisseurs attirés par l'immense potentiel immobilier du quartier. D'un arrondissement essentiellement populaire, immigré et industriel, Brooklyn est devenue la destination mondiale des hipsters, autrement dit d'une population essentiellement éduquée, blanche et travaillant dans des secteurs postindustriels, qui voient dans le quartier un lieu de vie et de loisir autant qu'un lieu de production. Les commerces témoignent de cette évolution : Brooklyn accueille un nombre incalculable de petits cafés indépendants peuplés de travailleurs de la culture, de la *tech* et du savoir ainsi que des vagues sans cesse renouvelées de restaurants, *gastropub* et autres *gourmet bistro* qui expérimentent toutes sortes de cuisines réinventées, sublimées ou twistées façon hipster. Le local, le véganisme, le sans gluten et le sans lactose y constituent des normes de consommation.

Comment Brooklyn a-t-elle réussi une telle transformation ? Pour Sharon Zukin, le secret réside dans sa capacité à mettre en scène son passé et son image de « village urbain ». Pour les générations successives d'immigrés, Brooklyn était un lieu d'atterrissage sur le sol américain. Très divers dans son peuplement, l'arrondissement était également très communautaire : chaque bloc fonctionnait comme un village autonome. Cette nostalgie pour la vie locale au cœur d'une métropole, à partir de laquelle l'identité hipster s'alimentera pour recréer une origine, n'est pas sans rappeler l'attachement français au village rural. Brooklyn était également un endroit très pauvre et assez dangereux. « Le nouveau Brooklyn est différent. C'est un lieu où *vont* les gens et non plus un endroit d'où ils *viennent*, et dans lequel les habitants n'ont plus un mode de vie traditionnel de village urbain, mais où ils sont en revanche très fiers de l'“authenticité” du quartier où ils choisissent de s'installer. » Selon Zukin, les hipsters et les médias ont produit une nouvelle forme d'authenticité très sélective, réécrivant l'histoire du quartier à la sauce hipster. Celle de l'immigration est, par exemple, globalement absente de la marque. De fait le Brooklyn noir, situé plus au sud, s'il a donné naissance à une scène hip-hop mondialement célèbre, évolue de manière parallèle à celle du Brooklyn néo-authentique.

Au cours des années 1970-1980, l'arrondissement a été le théâtre de ce type de chassé-croisé de populations : de nouveaux immigrants d'origine africaine, caraïbéenne, latino ou asiatique sont arrivés alors que les blancs quittaient les centres des villes pour s'installer dans les banlieues pavillonnaires. Après cet épisode du *white flight*, de jeunes membres des classes éduquées blanches, représentants d'une nouvelle génération, ont redécouvert Brooklyn et d'autres villes similaires. « Gentrifieurs et hipsters ont trouvé les outils esthétiques pour façonner une identité plus relâchée, plus branchée dans leur partie de Brooklyn, écrit Sharon Zukin, des enseignes dont les lettres s'estompent aux immeubles de lofts en passant par les nouvelles galeries d'art et les cafés. Bien qu'ils affirment leur admiration pour la vieille authenticité des origines de Brooklyn, ils ont créé une autre authenticité qui reflète l'histoire de leurs propres origines. » Un partage du territoire s'est installé, engendrant une spécialisation culturelle des espaces. Comme le remarque Sharon Zukin, les nouveaux arrivants ne fréquentent pas les bars polonais, et les descendants d'immigrés polonais qui résident à Williamsburg ne vont pas dans des bars qui programment des concerts d'*indie folk* et installent des parcours de minigolf en sous-sol.

L'autre ironie de l'histoire du nouveau Brooklyn, c'est qu'ici comme ailleurs, « le caractère local qui a attiré tant de gens dans le quartier se vit à travers la consommation : manger, boire, et la plupart du temps acheter. » Alors que l'authenticité d'un quartier est liée à un mode de vie, à ses espaces sociaux et à ses temps cycliques, cette permanence a été rompue avec l'arrivée de populations qui n'avaient ni les mêmes habitudes, ni le même rapport à l'espace public. Mise sous cloche par les agents immobiliers, les brochures touristiques et les listes des meilleurs spots de sortie, « l'authenticité » s'est peu à peu transformée en une caractéristique exclusive de l'assiette, des rues et des logements, au détriment de la vie sociale. Elle a cessé de désigner les gens et les ambiances pour être associée au bâti et aux expériences de consommation. Elle s'est figée.

C'est le grand paradoxe de l'authenticité, qui est aussi celui du tourisme : dans les quartiers « authentiques », comme East Village à Manhattan ou Williamsburg à Brooklyn, les habitants consomment une image et une idée d'authenticité sédimentées dans l'histoire du lieu qu'ils fréquentent ; ils viennent parce qu'ils sont attirés par une ambiance particulière, celle liée à la contre-culture des années 1960 pour East Village, où ils peuvent « inhaler l'aura d'un passé radical, intellectuel et artistique », ou celle qui glorifie le passé industriel et populaire de Williamsburg à Brooklyn. Or cette image bohème, populaire, diverse, vivante du quartier est menacée dès que l'authenticité devient une marchandise à consommer et qu'un marché s'ouvre autour de sa commercialisation. La gentrification perturbe par son ampleur le caractère même de ce qui avait attiré ses candidats dans le quartier. L'authenticité comme marchandise joue donc en permanence avec le risque de détruire son propre fonds de commerce.

Enfin un phénomène étrange s'est développé avec la propagation de l'esthétique brooklynienne et la mobilité des populations réceptives à ce modèle. On constate depuis quelques années une réplication du modèle local dans les *AirSpace* urbains que sont devenus les quartiers gentrifiés occidentaux, chaque ville pouvant désormais attester qu'elle dispose de « son » Brooklyn. La brooklynisation désigne cet effet pervers de la quête d'authenticité, dans lequel la construction d'un espace alternatif aboutit à une globalisation de la fabrique du vrai.

Des annexes françaises de Brooklyn

En France, Pantin, commune jouxtant la capitale, est souvent présentée comme la « Brooklyn locale ». En 2015, une journaliste du *New York Times*, Mira Kamdar, écrivait ainsi que cette banlieue où elle résidait évoluait sous l'afflux de Parisiens et qu'il devenait même possible d'y acheter du kale bio. De quoi lui faire dire que Pantin « était en train de devenir la version française de Williamsburg[50] ». Quatre ans plus tard, la même journaliste tirait la sonnette d'alarme : le pic Brooklyn était atteint. Car à force d'ouvertures de magasins bio, de déménagement de créatifs branchés, de cafés dans l'air du temps qui servent des bagels, de friches à l'ambition écoresponsable et à la programmation pointue, il aura fallu moins d'une décennie pour qu'une « overdose de

Brooklyn[51] » n'indispose les commentateurs et les riverains. Comme l'a très bien identifié la journaliste, Pantin se trouve à la croisée des chemins : la construction de son identité oscille entre la revendication de son multiculturalisme, conséquence de son appartenance au département de la Seine Saint Denis, et l'imitation de Brooklyn, qui découle de la gentrification. Or « en s'accrochant à la marque "Brooklyn", on gomme le passé d'une ville à la population ouvrière et immigrée à coups de faux murs en briques et de troquets où l'on consomme bagels, muffins et burgers bios », constate la journaliste. « Il y a un risque réel que la gentrification de Pantin ne crée une situation qui ressemble au vrai Brooklyn, c'est-à-dire des bobos relativement aisés en quête d'un confort de vie qu'ils ne peuvent pas se payer à Paris *intra-muros* et qui se constituent un cocon branché à l'écart du reste de la population. »

On peut également citer le cas particulier de « *South Pigalle*, » dans le neuvième arrondissement de la capitale. Le quartier a été rebaptisé ainsi au milieu des années 2000 par un publicitaire qui y ouvrait un bar. Dans un communiqué de presse farceur, il affirmait que les Abbesses, ou « *North Pigalle* », abrégé en « NoPi », s'opposait au sud, le « *South Pigalle* », devenu « SoPi[52] ». Cette manière de former des acronymes en anglais avec les noms des rues, des quartiers et de leur situation géographique est importée du marché immobilier de New York, où la pratique permet de donner du cachet à un quartier souffrant de sa mauvaise réputation. Les secteurs historiquement concernés par cette évolution d'image, comme SoHo ou DUMBO, ont bénéficié d'un regain d'attractivité en même temps qu'ils se faisaient un nom sur la carte des destinations désirables. À Paris, SoPi introduit cette ère de la toponymie postmoderne dans laquelle les noms des lieux obéissent à une logique publicitaire, consumériste et commerciale issue de la pratique du marketing urbain.

Si la tentation de transplanter une identité hipster globale à la Brooklyn est bien présente à Pantin, *South Pigalle* tire plutôt son succès de sa réappropriation « cool » de l'image du vieux Pigalle, celle d'un quartier chaud et hypersexualisé. Une dimension quasiment inexistante du quartier une fois sa montée en gamme effectuée. Ces jeux autour des dimensions culturelles redécouvertes ou parodiées sont au centre de l'identité et de l'expérience hipster du monde.

2. POURQUOI SOMMES-NOUS OBSÉDÉS PAR L'AUTHENTICITÉ ?

Petit Inventaire des incarnations hipsters

Après une bonne décennie de règne, la contre-culture hipster a été déclarée morte par la presse américaine dès le début des années 2010[53]. Pourtant, même après cet enterrement médiatique, et en raison du léger décalage temporel qui existe en matière de tendances entre les États-Unis et l'Europe, la figure du hipster reste nimbée de mystère. Définir ce qu'elle est – ou ce qu'elle fut – n'est pas chose aisée. A-t-elle réellement existé en dehors de la production des agences de publicité, des banques d'images et des cabinets de tendance ?

Le brouillard conceptuel qui entoure la vie et l'œuvre du hipster est d'autant plus épais qu'au fil des années et des humeurs, il a revêtu plusieurs garde-robes, s'est entiché de courants artistiques divers et a réinventé ses références historiques et son environnement stylistique à plusieurs reprises.

Dans la culture populaire, le hipster est d'abord apparu comme un auditeur pointu de groupes rock aux noms compliqués, ceux-là mêmes qui, lorsqu'ils accédaient à la popularité, étaient aussitôt rejetés par les mêmes hipsters qui les avaient adorés. On l'a aussi décrit comme un adepte de disques vinyles et d'autres supports datés des industries culturelles, comme les consoles de *rétro-gaming* ou les montre-calculatrice Casio. Cet attrait pour les émanations *vintage* de la société de l'information se conjugant d'ailleurs volontiers avec l'achat des derniers produits Apple. Sur le plan professionnel, la presse l'a mis en scène dans des rôles de torréfacteur, de microbrasseur, de barista, de *chef* dans un *food truck* ou un restaurant éphémère. À l'aise dans l'économie numérique, il a occupé les postes de développeur, de *growth hacker* ou encore de *community manager* en *start-up*. Il a également officié comme journaliste culturel, consultant en transition digitale ou directeur artistique.

Son alimentation ? Un éclectique menu comprenant des spécialités populaires tombées en désuétude qu'il ranimait par sa démarche d'appropriation ironique du passé, du granola maison, des toasts à l'avocat, le tout arrosé de bière de microbrasserie, de café de spécialité et de Club Mate Cola.

Le hipster a porté la barbe, la moustache, une banane à la ceinture, une casquette de camionneur américain, une visière de tennis des années 1990, une chemise à carreaux de bûcheron canadien, des lunettes vintage à verre sans correction, un sac Tati, un t-shirt DHL, un jogging Adidas et un bonnet en toute saison. On l'a vu se déplacer en vélo Fixie, en Vespa ou en trottinette électrique. On l'a aperçu pratiquer le tricot, la pétanque ou le loto, équiper son intérieur d'ampoules à filament industrielles du XIXe siècle, de chaises d'écolier des années 1930, de table en Formica des années 1960, de téléphone à cadran des années 1970, de Minitel des années 1980. Il a pris ses quartiers à Brooklyn, Berlin, East London, Tbilissi, *South* Pigalle, Pantin, Marseille, Detroit et partout où l'on trouve des friches datant de l'ère industrielle, des ambiances populaires, cosmopolites et sans chichi, de vrais gens, des *coffee-shops* proposant une bonne connexion Wifi, une *street cred* et des *start-ups*.

Que retenir de cette liste hétéroclite d'attributs hipster, qui pour la plupart résonnent avec la vie de chacun d'entre nous ? Que la sous-culture hipster se définit moins en établissant une énumération infinie de spécificités culturelles – dans la mesure où son lexique évolue et s'enrichit de nouveaux apports permanents – qu'en fixant quelques règles de grammaire immuables qui permettront de naviguer aisément dans ce vocabulaire changeant[54]. Car la culture hipster est moins à chercher dans une substance que dans une dynamique : comme toute contre-culture, celle des hipsters est oppositionnelle ; elle trouve sa cohérence et construit ses codes en réaction à la société de masse qui l'a vue naître. Mais, et c'est la grande nouveauté, « au lieu de créer un contenu culturel qui leur est propre, [les hipsters] se contentent de s'approprier et de pasticher les signifiants des sous-cultures antérieures », comme l'écrit l'auteur d'un article joliment intitulé *Kill all hipsters*[55], qui ajoute que les hipsters peuvent être définis comme « des adeptes de l'adoption et de la marchandisation du passé. » Plutôt que d'inventer des formes d'expression culturelle inédites, les hipsters puisent dans l'immense répertoire des cultures populaires sédimentées pour bâtir leur singularité.

Soucieux de s'inspirer des vrais gens, ceux qui ne disposaient pas d'une telle distance à eux-mêmes et vivaient au premier degré leur relation au progrès technique et à la consommation, les hipsters sont en quelque sorte devenus des « hyper gens », plus vrais que les vrais gens. Et, partant, unanimement considérés comme « *fake* », c'est-à-dire comme empruntés, par leurs contemporains. C'est la malédiction de la culture hipster, celle d'une société qui, née dans le générique, a opéré son retour au vrai après un détour par un âge du faux. Derrière la fascination pour le *vintage*, les vrais rades et les vrais gens, les hipsters souvent moqués recherchent l'authentique jusqu'à l'absurde, la parodie ou même le malaise. Ils sont atteints d'une névrose du vrai. Dès qu'on cherche à les tourner en dérision, ce qui arrive assez fréquemment dans la pop culture anglo-saxonne, c'est d'ailleurs cette relation obsessionnelle au vrai qui sert de ressort comique pour les discréditer.

▶ WES ANDERSON OU LA SENSIBILITÉ HIPSTER

La définition de l'*AirSpace* rappelle l'esthétique des films de Wes Anderson, dont la carrière se déploie entre la fin des années 1990 et le milieu des années 2010. Les œuvres du réalisateur américain contiennent de nombreux éléments qui ancrent son univers dans une approche hipster du monde. C'est le cas des très nombreux plans qui s'attardent sur des objets ou des appareils appartenant à des stades antérieurs de la société de consommation et du progrès technique : cendriers à l'effigie d'une marque, appareils photos analogiques, téléphones à cadran, cartes géographiques en papier, enregistreurs à bande, platines de disque, petites mobylettes. Souvent appuyés, ces clins d'œil donnent à certaines séquences des films de Wes Anderson des airs d'adaptation cinématographique de *coffee-shop* instagrammable.

On relèvera également le goût très prononcé du réalisateur pour l'écriture manuscrite ainsi que ses choix typographiques très étudiés, aussi bien lors du générique que lors des fréquentes apparitions d'enseignes, de logos ou de signes publicitaires. À l'inverse, la modernité technique et ses manifestations concrètes – le monde du travail dématérialisé, les *start-ups*, les smartphones, les e-books, les autoroutes, les banlieues – sont totalement absentes des films de Wes Anderson comme du courant hipster.

En fonction des sensibilités, les personnages des films du réalisateur américain apparaissent tantôt charmants tantôt profondément exaspérants, précisément par cette distance qu'ils veulent la plus grande possible entre eux et la vie. De même que les bons sentiments ne font pas nécessairement de la bonne littérature, les personnages hipster ont tendance à engendrer des fictions ratées. La conscience de soi permanente et envahissante fait du hipster un personnage blasé et absorbé par lui-même, particulièrement inadapté à la fiction chevaleresque dont les ressorts reposent sur des héros capables de se dépasser et de donner la priorité à de grandes causes sur leurs intérêts personnels. La nouvelle vague fut une sorte de cinéma hipster un demi-siècle avant l'heure. Inversement, une série à succès comme *Game of Thrones* évacue entièrement le détachement hipster de ses intrigues. Et l'une des séries parodiques les plus réussies sur le monde hipster, *Search Party,* repose sur une intrigue de thriller classique : la disparition d'une camarade de classe donne à un groupe d'amis new-yorkais vaguement artistes un but dans l'existence. Le basculement dans la dimension tragique donne à la série une épaisseur à mesure que les protagonistes s'éloignent de la superficialité dans laquelle ils évoluaient au cours des premiers épisodes.

Portrait du hipster en touriste de sa propre culture

Le hipster serait donc une sorte d'archiviste de la société occidentale, le conservateur d'un « musée des styles de vie » dont il assure la maintenance et dont il réorganise périodiquement les collections. Héritier d'une modernité que le sociologue allemand Ulrich Beck a qualifié de « réflexive » – dans laquelle les acteurs vivent avec une conscience aiguë et permanente de leurs propres actes, les soumettent à examen et sont libres de faire évoluer leur système de valeurs quand bon leur semble –, le représentant de la sous-culture hipster a préféré au confort d'un style de vie, défini une fois pour toutes, la liberté d'un voyage esthétique et existentiel qui s'alimente au vestiaire des formes de vie humaines. En somme, le hipster pratique le tourisme. Mais c'est un touriste d'un genre nouveau : un touriste de sa propre culture, qui voyage à territoire constant. C'est sans doute la raison pour laquelle il fut si détesté, au moins autant que le touriste des années de la globalisation : comme celui-ci, le hipster consacre son énergie à la quête d'une authenticité qu'il recherche chez d'autres groupes humains, car il perçoit qu'elle lui fait défaut.

Dans le dernier quart du XXe siècle, marqué par l'apparition du tourisme de masse, les ethnologues se sont intéressés à cette étrange pratique mêlant rencontre, divertissement, économie et spiritualité. Dans les années 1980, l'anthropologue Erik Cohen s'est notamment penché sur les modes de l'expérience touristique[56]. Si tous les touristes recherchent une forme de rencontre avec la culture hôte, les critères de cette quête varient en fonction de la profondeur de l'expérience souhaitée. Les « touristes récréationnels » acceptent de n'avoir que des contacts superficiels avec une culture autre que la leur : ils se contentent d'acheter des souvenirs qu'ils savent être produits en série pour eux, et acceptent de bon gré d'assister à des cérémonies autochtones dont ils ont conscience qu'elles sont totalement *fake*. Au fond, ne préfèrent-ils pas passer leurs vacances à boire des cocktails sur une plage ou au bord d'une piscine ?

À l'opposé de ce touriste aux ambitions modestes, le « touriste existentiel » aspire à s'approcher le plus possible du mode de vie « local », celui qu'il considère comme « authentique ». Cette gradation des attentes touristiques amène l'ethnologue à se demander ce qui définit l'authenticité. Il cite la définition qu'en donne un expert d'art africain traditionnel, qui juge authentique « toute pièce réalisée à partir de matériaux traditionnels par un artisan natif pour être acquise et utilisée par des membres de la société locale, fabriquée et utilisée sans la pensée qu'elle puisse servir à des Européens ou d'autres étrangers ».

Ainsi, pour les conservateurs de musée et les ethnologues, « l'authenticité [...] est essentiellement une qualité de la vie prémoderne, et de produits culturels qui précèdent la pénétration des influences occidentales modernes », constate Erik Cohen. En clair, l'objet ou la pratique ne doivent pas avoir été créés dans le cadre de la société de consommation. Cette existence à l'écart du marché est un critère crucial d'attribution du label « authentique », et c'est précisément cette qualité non commerciale qui exerce tant d'attrait sur les touristes.

Le touriste existentiel assoiffé d'authenticité souhaite ainsi assister à une danse traditionnelle à la condition que le rituel s'intègre dans le quotidien de ses hôtes et qu'il n'ait pas été organisé spécialement pour lui. Le climax de l'expérience, de son point de vue, est d'accéder frauduleusement à une séquence de « vraie vie » à laquelle il aura été ponctuellement associé sur un malentendu. Il aura tendance à se lancer dans une quête d'authenticité qui deviendra de plus en plus rigoureuse à mesure que ses propres critères d'évaluation s'élèveront.

C'est alors que Cohen dévoile la mascarade de l'authenticité touristique. Contrairement à l'ethnologue qui espère – comme le touriste – le contact prolongé avec les autochtones, mais dispose d'un entraînement professionnel pour juger de la véracité de l'expérience à laquelle il est mêlé, le touriste existentiel n'a pas les compétences pour évaluer si les critères à partir desquels il détermine l'authenticité d'un objet ou d'une activité collective sont pertinents. Il est donc davantage susceptible d'être trompé par des formes sophistiquées « d'authenticité mise en scène » :

> « Les locaux ou l'industrie touristique "mettent en scène" les aspects même du produit culturel qui servent de marques d'authenticité au touriste existentiel, du point de vue de ses critères stricts et personnels. De ce fait, des touristes avides d'authenticité [...] auront tendance à idéaliser la destination, et à accepter avec enthousiasme comme authentiques précisément les faux-semblants qui leur sont destinés. Ce type de mise en scène est particulièrement insidieux dans la mesure où il agit sur la volonté de croire des touristes sérieux, et non sur la crédulité de touristes plus frivoles. »

Le problème identifié par Cohen est que le touriste est souvent piégé par sa propre quête de vrai. Dès les premières décennies de l'ère du tourisme de masse, les cultures hôtes ont rapidement installé des routines factices destinées à satisfaire ces touristes et tirer profit de leur passage. L'auteur cite l'exemple des parcs à thème historiques australiens. Il s'agit de reconstitutions mais, pourtant « les visiteurs les perçoivent généralement comme plus "authentiques" – dans le sens où il s'agit de reconstitutions exactes du passé australien – que les véritables vestiges. »

▶ LE *FAUX DIVE BAR*, ÉQUIVALENT AMÉRICAIN DU VRAI BAR DANS SON JUS

Dans un ouvrage consacré aux phénomènes de mode typiques de l'ère hipster – réappropriation du folklore, sublimation du passé – la sociologue américaine Karen Bettez Halnon décrit la tendance des « *faux-dive bars* » (en français dans le texte) qui s'est abattue sur les États-Unis au cours des années 2000[57]. Cet exemple est emblématique de l'aspiration à fuir la société de masse qui travaille nombre de membres de la communauté hipster. Un dive bar est un tripot ou, comme le détaille la sociologue, « un lieu de loisir pour les travailleurs, un endroit où des habitués, des ivrognes, des alcooliques et d'autres types de gens marginalisés » boivent de la bière peu chère et de mauvaise qualité jusqu'à une heure tardive. Parce qu'ils sont décorés de lettres de néon rouge à l'effigie des marques de bière servies, les Américains surnomment parfois ces tripots des « *red bars* ».

Depuis les années 1990, écrit la sociologue, une nouvelle clientèle de classes moyennes vivant dans les banlieues résidentielles ainsi que de jeunes hipsters de ces mêmes milieux sociaux se sont pris de passion pour l'atmosphère des tripots. L'explication avancée par un blogueur est que cette vogue est « une réaction à un monde malade et surindustrialisé de centres commerciaux homogènes et d'hypermarchés anonymes ». « Les gens sont à la recherche d'une expérience authentique dans un monde surmarketé, surstimulé où tout brille ». Le tripot « dans son jus » offre ce relâchement esthétique et relationnel qui fait tellement défaut aux nouveaux lieux de vie et de consommation, en France comme aux États-Unis.

Si les premiers faux *dive bars* se contentaient d'être des récupérations de tripots existants mis à la sauce hipster, de « faux tripots » ont aussi fait leur apparition, sorte de reconstitutions historiques. Le phénomène a pris une certaine ampleur, au point d'être abordé dans un épisode des *Simpsons*. En 2003, une journaliste d'un quotidien local de la baie de San Francisco consacrait un reportage acerbe à l'engouement pour un de ces red bars de quartier qui, après que ses propriétaires historiques aient mis la clé sous la porte, avait été remplacé par une version haut de gamme et parodique destinée à une nouvelle clientèle[58] :

> « De même que Disney World a créé des excursions imaginaires en des terres étrangères et à des époques révolues, [ces bars] offrent aux hipsters des classes moyennes une opportunité de vivre le monde du tripot sans la menace de croiser un membre d'une classe sociale inférieure. Ce sont les Starbucks du monde des tripots. Se rendre dans un de ces bars revient à acheter des vêtements dans une boutique *vintage* plutôt que d'aller fouiller dans les bennes de l'Armée du Salut. Un tripot est censé être un lieu de voisinage dans lequel n'importe qui peut s'arrêter pour prendre un verre ; un lieu fonctionnel où les boissons, non le décor, constituent le centre de l'attention. On ne peut pas reproduire un tripot – ça va à l'encontre de l'idée même du tripot. »

La vague hipster ou la première sous-culture postmoderne

Dans son article, Cohen explique que les touristes cherchent avant tout à fuir leur culture occidentale moderne et consumériste, qui leur paraît inauthentique, au profit d'autres formes de vie jugées plus *vraies* : « Le touriste moderne aliéné en quête d'authenticité cherche donc l'immaculé, le primitif, le naturel, ce qui n'a pas encore été touché par la modernité. Il espère le trouver en d'autres temps et en d'autres lieux, puisqu'il est absent de son propre monde. » Le hipster ne cherche plus à fuir sa propre culture par le tourisme, en tout cas plus au sens où l'entendaient les ethnologues des années 1980. Au lieu de partir à l'autre bout du monde, le hipster – sujet postmoderne en quête de vrai – s'évade de sa condition en pratiquant le tourisme social, vers les classes populaires de sa société, et le tourisme historique, en réanimant des coutumes anciennes de sa propre culture. Cette forme de tourisme « existentiel » est en grande partie le résultat de notre entrée dans un monde totalement artificialisé, où la nature serait désormais masquée par un empilement de strates culturelles.

Le théoricien de l'art Fredric Jameson écrit que « le postmodernisme est ce que vous obtenez quand le processus de modernisation est achevé et que la nature s'en est allée pour de bon. C'est un monde plus pleinement humain que l'ancien, mais un monde dans lequel la "culture" est devenue une véritable "seconde nature[59]" ». Cette idée que plusieurs mondes cohabitaient en une même époque et que désormais, cette superposition a disparu au profit d'une réalité entièrement absorbée par l'économie de marché et la société de consommation se retrouve formulée chez le philosophe marxiste Henri Lefebvre dès les années 1960 à propos de la société française. Lefebvre écrit :

« Dans la vie sociale, avant la Seconde Guerre mondiale, du moins en France et en Europe, se prolongeaient les survivances de l'ancienne société. La production industrielle n'avait pas encore liquidé et intégré les restes de production artisanale et paysanne. Le village vivait encore et la campagne entourait la ville, à l'intérieur même des pays industrialisés. De nombreux prolongements du *précapitalisme* n'avaient pas encore été relégués dans le folklore (ni ravivés à ce titre pour la consommation touristique). Aux objets de fabrication industrielle se superposaient des objets artisanaux et ruraux[60]. »

Or à partir des années 1950 et 1960, poursuit le philosophe, l'économie de marché « a mis fin à cette superposition de couches d'objets datés différemment ». L'histoire des hipsters est donc celle des espaces de marge et de contestation encore ouverts à l'intérieur d'un monde dans lequel ni la nature, ni l'artisanal, ni l'ailleurs ne vont plus de soi. Alors que les précédentes contre-cultures avaient la possibilité de rejeter une partie du système marchand et d'inventer leurs propres signes contre-culturels, les hipsters, plongés dans le bain culturel et médiatique de la tête aux pieds depuis leur naissance, n'ont aucune possibilité de s'en extraire. Ils ont résolu cette tension par la consommation ironique, en puisant au hasard de l'immense médiathèque mondiale des styles de vie, et en pratiquant une forme de ce que les Anglais nomment *l'escapisme*, ou fuite dans l'imaginaire. En consommant certains des attributs datés ou culturellement marginalisés de la société de consommation – le sac banane des années 1990, les Ray Ban Wayferer, les chemises de routiers américain... – qui constitue leur unique terrain de jeu et leur ultime horizon, les hipsters des années 2000 et 2010 ont inventé une contestation de la consommation qui, paradoxalement, s'exprime à travers la réactivation de stades plus anciens de la société de consommation.

Si la culture hipster est profondément postmoderne, c'est donc parce que ce qui était auparavant considéré comme relevant du *fake* est devenu un nouveau stade du vrai, une nouvelle nature. C'est ce qu'Erik Cohen nomme « l'authenticité émergente », c'est-à-dire le processus qui fait qu'un produit (objet ou expérience), considéré « à un moment donné comme inventé et inauthentique peut, avec le temps, être reconnu comme authentique, même par les experts » « Avec le temps et selon les circonstances appropriées », ce processus peut s'appliquer à tout phénomène. Par exemple, à « la manière dont les Disneyland américains, jadis considérés comme l'exemple suprême du divertissement populaire inventé de toutes pièces, sont devenus un élément central de la culture américaine contemporaine. Ils seront sans nul doute perçus dans le futur, même par les historiens et les ethnographes, comme une tradition américaine "authentique" », écrit-il.

▶ *STRANGER THINGS* OU L'INDUSTRIE DE LA NOSTALGIE

Le générique de la série *Stranger Things* est en quelque sorte son manifeste. Cette ouverture minimaliste ne représente aucune image de l'action future, simplement des lettres éclairées au néon, dont des détails défilent et grossissent à l'écran pour former progressivement le titre de la série : *Stranger Things.* Grâce à la musique et ses synthétiseurs très *eighties*, ces lettres parviennent à véhiculer une certaine angoisse. En particulier, les pointes des « T » et des « S » du titre s'achèvent par des formes triangulaires qui évoquent un vol de chauve-souris ou la cape d'un vampire. En plissant les yeux, le spectateur né dans les années 1970-1980 imaginera facilement que ces lettres rouge sang ressemblent à celles qui composent la signature « Stephen King ». Il n'y a aucun délire interprétatif dans cette analyse. Lorsqu'ils ont constitué un échantillon d'œuvres des années 1980 pour servir d'inspiration aux graphistes de l'agence de design en charge de la typographie du générique, les frères Duffer, créateurs de la série, ont sélectionné à 90 % des éditions de romans de Stephen King contemporaines de la période dans laquelle se déroule la première saison – l'année 1984. Ces formats très populaires, caractéristiques de la vogue de l'horreur et de la SF, avaient recours à la police de caractère ITC Benguiat, précisément celle qui sera utilisée dans le générique de *Stranger Things.*

Que nous raconte cette anecdote *geek* sur les coulisses de la création de la série ? Que la typographie du générique de la série est l'équivalent visuel de sa bande-son : un hommage stylistique appuyé aux stéréotypes culturels des *eighties*, et que ce choix de typographie est le véritable propos de la série. Dès son générique, *Stranger Things* nous envoie un message clair : « Attention, ceci est une fiction sur les fictions des années 1980 ». La carte – la typographie Stephen King – a remplacé le territoire – les années 1980 – dans la version que Netflix en propose. Le style est devenu le message, l'histoire ne constituant plus qu'un vague prétexte, certes agréable, à la consommation de signaux *eighties* envoyés à très haut débit et en haute définition.

Avec *Stranger Things*, nous sommes donc confrontés à un cas emblématique de ce que le critique culturel Fredric Jameson a appelé le « film de nostalgie[61] ». Celui-ci utilise comme procédé « la cannibalisation aveugle de tous les styles du passé », il « imite des styles morts ». Concrètement, une telle œuvre, si elle est supposée se dérouler, disons, dans les années 1950, s'intéressera moins aux faits historiques advenus durant la période qu'à la « cinquantité » des années 1950, c'est-à-dire à ce que la pop culture et la mode en ont retenu. Les *fifties*, pour les Américains, c'est la vie dans une petite ville tranquille avec sa *Main Street*, « Marilyn Monroe, un monde de voisins et d'associations de parents d'élèves ; de chaînes de magasins de détail ; de programmes de télévision favoris [...] » Pour constituer une « capsule temporelle » des *fifties*, poursuit Jameson, vous ajouteriez « les cheveux courts, les débuts du *rock and roll*, les jupes longues, etc. Il ne s'agit pas d'une liste de faits ou de réalités historiques (même si ses éléments ne sont pas inventés et sont, dans un certain sens, authentiques), mais plutôt d'une liste de stéréotypes et d'idées de faits et de réalités historiques. » De sorte que, dans un film de nostalgie, « l'histoire des styles esthétiques remplace l'histoire "réelle" ».

De la même manière, les années 1980 à la sauce *Stranger Things* sont moins une séquence historique qu'une périodisation culturelle, les *eighties*, qui renvoie à un ensemble de stéréotypes et d'idées que chacun associe à l'époque. La grande ironie du film de nostalgie repose sur le fait que ces

« attributs dont nous avons doté cette période » et qui la rendent identifiable dans l'imaginaire collectif, sont principalement des « programmes de télévision de cette période-là ; autrement dit, [issus] de sa propre représentation d'elle-même ». Dans *Stranger Things*, la réalité, déjà à distance comme dans toute représentation, s'éloigne encore d'un degré supplémentaire, puisqu'il ne s'agit plus d'une simple fiction mais d'une fiction réalisée à partir du matériau fictionnel d'époque, sorte de fiction sur la fiction ou de fiction au deuxième degré :

Niveau 1 de réalité : Les années 1980 dans une ville de banlieue pavillonnaire aux États-Unis.

Niveau 2 : La représentation de cette époque dans la pop culture américaine des *eighties* (chanson de Toto, scènes de *E.T.*, typographie Stephen King), propre représentation d'elle-même par l'époque.

Niveau 3 : Une série réalisée en 2016 qui plonge dans le langage et les codes culturels et symboliques de l'époque révolue des *eighties*.

Selon Jameson, ce double détour par la représentation serait un procédé aussi réconfortant qu'extrêmement addictif. Il susciterait un « appétit historiquement original des consommateurs pour un monde transformé en pures images de lui-même ». *Stranger Things* concentre plus d'années 1980 que les années 1980 elles-mêmes, et produit sur le spectateur « une fascination hypnotique pour d'extravagantes images de passés générationnels spécifiques ».

Avec Netflix et ses productions, nous assistons ainsi à l'avènement d'une industrialisation du sentiment nostalgique. *Stranger Things* ressemble à la thérapie par nostalgie immersive administrée aux protagonistes de *San Junipero* de la série *Black Mirror*, une autre production mémorable des studios Netflix. Dans cet épisode acclamé par les fans de la série, deux femmes vivent une idylle qui a lieu principalement dans un monde virtuel. Dans le but de soulager les patients souffrants de maladies dégénératives par la technique de la « nostalgie immersive », le monde virtuel de San Junipero, qui prend l'apparence d'une petite ville côtière idéalement située au cœur d'une magnifique baie, renvoie le patient à un univers culturel familier, celui de son passé. Le patient-touriste de *San Junipero* n'a qu'à choisir son époque de référence, qu'il s'agisse de l'enfance, de l'adolescence ou de l'âge adulte, et lancer sa session de paradis terrestre. Il est alors plongé dans l'époque passée de son choix ou, plus exactement, dans un univers culturel qui pastiche les *fifties, sixties, seventies, eighties, nineties* et ainsi de suite.

À chaque nouvelle incursion de l'héroïne Yorkie dans le monde parallèle de San Junipero, les indices de datation sont les signaux visuels et sonores produits par les industries culturelles dans la période concernée : des affiches de film, des clips musicaux, des styles vestimentaires et des coupes de cheveux à la mode, des modèles de chaînes hi-fi. Le téléspectateur identifie le début des années 1980 *à la tenue de* Yorkie et comprend qu'il est revenu en 1996 grâce au clip de la chanson *Ironic* d'Alanis Morrissette et à l'affiche du film *Scream.* Nul doute que si un personnage de San Junipero sélectionnait l'année 1984, il se retrouverait plongé directement dans un épisode de la première saison de *Stranger Things.*

Pour évoquer la façon dont le passé est traité dans les films de nostalgie, Jameson emploie le terme de « spectacles poussiéreux ». Dans *La Culture du narcissisme*, publié en 1979, Christopher Lasch avait déjà parfaitement compris que les époques et les événements passés se réduisaient désormais, dans notre perception, à « des styles de consommation surannés ». Pour l'individu de notre temps, écrivait encore Christopher Lasch, « la seule réalité est l'identité qu'il parvient à construire à partir de matériaux fournis par la publicité et la culture de masse, de thèmes de films et romans populaires, de fragments arrachés à une vaste collection de traditions culturelles, et qui tous apparaissent comme également contemporains à l'esprit moderne ». C'est précisément en suivant le même détour par la fiction, la pop culture et la culture commerciale que le spectateur nostalgique de *Stranger Things* ou de *San Junipero* est invité à se remémorer les années passées devant son écran de télévision ou d'ordinateur.

La leçon de toute cette production récente de séries à succès, acclamées par la critique et massivement suivies par le public, est que le tourisme historique et culturel est un secteur en plein boom. En créant des simulacres des années 1980 et suivantes, Netflix nous parle inconsciemment de sa propre stratégie commerciale. Dans dix ou vingt ans, lorsque Netflix sera arrivé au bout de ses ambitions, l'entreprise ne sera plus uniquement une plateforme de divertissement mais constituera une véritable annexe de la vie quotidienne. Un village Netflix au sein duquel chacun pourra se retirer et couler des jours tranquilles à la mode de 1984, de 1991, de 1997, 2003, 2012, n'en retenant que ce que la nostalgie culturelle collective en a réécrit depuis pour le transplanter dans notre présent.

Nous atteindrons alors enfin la promesse du paradis sur terre. Ou plus exactement, d'un paradis dans le *cloud*...

Pour une inscription du latte art, *du burger gourmet et du toast à l'avocat au patrimoine culturel immatériel de l'humanité*

Le processus d'« authenticité émergente » permet de rendre compte d'un phénomène surprenant, celui du retour du hamburger. Aujourd'hui au menu de tous les restaurants, au point qu'il a détrôné le jambon-beurre (qui s'est lui-même réinventé pour monter en gamme), le burger de *street food* s'honore d'un segment hipster particulièrement dynamique. Cette nouvelle vogue peut se lire comme une revanche des *millennials* sur les années génériques du *fake* globalisé. La réappropriation d'abord ironique du hamburger, produit synonyme de mondialisation, d'américanisation, de standardisation, de mal bouffe, d'émiettement du travail, fossoyeur des patrimoines culinaires locaux, s'est muée en une nostalgie revendiquée et assumée pour cette madeleine de Proust de la société de consommation, unanimement appréciée.

Le tourisme du burger atteste ainsi de l'émergence d'un patrimoine déterritorialisé, issu de la globalisation consumériste, mais qui se consomme bel et bien dans toute enclave *AirSpace* de l'humanité selon des codes relativement similaires : préparation artisanale, *sourcing* local, montée en gamme, jeu autour de l'identité de marque. Le retour par le haut du burger est une forme de réappropriation culturelle de pratiques nées par et pour la société de consommation.

Même les émanations les plus génériques et les plus commerciales du hamburger ont leurs chances d'accéder à une forme de patrimonialisation. Produit phare de McDonald's, le Big Mac a célébré ses cinquante années d'existence en 2018 dans une ambiance aussi consensuelle que celle du bicentenaire de la Révolution française. La communication autour de l'événement était placée sous le signe de *l'authenticité*, une qualité que personne n'aurait prêté au sandwich dans les années 1980, mais qu'il a acquise en s'insérant durant plusieurs décennies dans le quotidien et l'horizon existentiel des générations qui ont grandi avec. En France, une série de cinq affiches a été créée pour l'occasion, représentant des consommatrices et des consommateurs dont les looks vestimentaires et les coupes de cheveux se voulaient emblématiques du demi-siècle du Big Mac : *sixties*, *seventies*, années 1980 et 1990 et enfin années 2000, avec – évidemment – un hipster pour incarner l'acheteur-type du Big Mac en ce début du XXIe siècle.

Fréquentation des espaces situés en lisière de la civilisation de masse, anticonformisme puisé dans le passé, mélange des genres : toute cette agitation culturelle a fini par payer. Trop occupés à nous moquer des hipsters, nous avons loupé l'essentiel : ils ont réussi – et nous avec – à créer ce qui est peut-être la première culture occidentale post « fin de l'histoire ». Dans une enquête sur le phénomène de gentrification parue en 2017, *How to kill a city*, le journaliste Peter Moskowitz s'est penché sur quatre villes américaines transformées par l'arrivée des nouvelles classes éduquées consommatrices de toasts à l'avocat, de cocktails sophistiqués et de café *premium* : San Francisco, New York, La Nouvelle Orléans et Detroit[62]. Dans ces deux dernières, la situation de déclin – due aux ravages de l'ouragan Katrina pour l'une, à la désindustrialisation pour l'autre – a précédé l'arrivée des hipsters. Or, ceux-ci ont la caractéristique d'être principalement blancs dans des villes majoritairement noires. Le fait le plus marquant de l'urbanisme américain d'après-guerre est l'explosion de la périurbanisation, elle-même conséquence de la fuite des blancs des centres-villes vers la banlieue pavillonnaire : le fameux *white flight*. C'est là toute l'ironie du mouvement actuel, remarque Moskowitz. Les enfants, voire les petits-enfants, de la génération du *white flight* sont de retour en ville. Pour eux, l'imaginaire de la « *suburbia* » dans laquelle ils ont grandi est synonyme d'ennui, d'inauthenticité et d'aliénation. C'est cette quête d'une vie sociale plus diverse et plus animée qui est à l'origine de leur retour.

Dans la ville américaine multiculturelle par excellence qu'est Brooklyn, chaque quartier est identifié par une composante de la population : le quartier noir, le quartier polonais, le quartier loubavitch, le quartier latino, le quartier caribéen. À bien y regarder, la gentrification est en train de faire émerger une nouvelle communauté : les hipsters, c'est-à-dire les blancs. C'est un fait, la seule communauté majoritairement blanche est également la seule à être nommée par un sociotype – les hipsters, les yuppies – ou par une approche générationnelle – on parle volontiers de *millennials* dans la presse professionnelle. Pourrait-on voir dans cette vague de migration hipster, qui s'est dotée d'une sorte de terroir urbain, l'émanation d'une nouvelle culture ? N'y aurait-il pas désormais un Brooklyn hipster, dont les bistrots gastronomiques et les *coffee-shops* seraient l'équivalent des commerces ethniques ? Comme le citadin américain va manger grec, indien, thaï, mexicain au gré des envies et des déambulations, ne pourrait-on envisager qu'il va au hipster un soir de semaine ? Une AOP de fromage désigne la réunion d'une population, d'un savoir-faire local et d'une aire géographique. En quoi la fabrication de morbier est-elle si différente de la production de cafés *latte* de *coffee-shops* de troisième vague, de toasts à l'avocat ou de burgers gourmets de *food truck* – autant de spécialités néo-fokloriques qui se dégustent dans les microrégions de l'*AirSpace* ? Ne pourrait-on imaginer une inscription au patrimoine culturel immatériel de l'humanité de ces spécialités hipster, au milieu des danses rituelles saisonnières, des traditions orales, des instruments de musique, des costumes locaux et des boissons fermentées ? La liste complète, qui référence les pratiques proposées par les États à l'Unesco, est d'une grande précision. On y trouve de très nombreuses coutumes locales comme, à titre d'exemple, l'art du pain d'épices en Croatie du Nord, la culture et la tradition du café turc, la méthode géorgienne de vinification à l'ancienne, l'artisanat traditionnel du tapis mural en Roumanie et en République de Moldova, la cueillette de la germandrée sur le mont Ozren ou encore le repas gastronomique des Français. Pourrait-on imaginer qu'un jour *L'art du dessin dans la mousse de lait par le barista de coffee-shop hipster de troisième vague* sera inscrit à cet inventaire des traditions humaines les plus remarquables ?

Aux États-Unis, toute question sociale fait émerger la question raciale, et la gentrification ne fait pas exception. L'une des œuvres les plus perspicaces et les plus drôles jamais écrites sur les valeurs et les pratiques des urbains cultivés est un blog intitulé *Stuff white people like*. Littéralement : « *Les trucs qu'aiment les Blancs* ». Ces « trucs » incluent le yoga, les sushis, les œuvres de Banksy, les Vespa, les marchés de producteurs, les microbrasseries, les festivals de cinéma indépendant, la série *Mad Men*, le houmous, les tatouages ironiques, la médecine naturelle, « les religions à l'exception de celle de leurs parents » ou encore « la musique noire que les Noirs n'écoutent plus ». En somme, toutes les activités qui rapprochent leurs amateurs d'une impression d'authenticité qui ferait défaut à la culture consumériste globalisée dont ils sont les héritiers directs. Cette quête est d'ailleurs l'un des ressorts humoristiques que l'auteur du blog *Stuff white people like*, Christian Lander, active le plus régulièrement. La pop culture des Blancs WASP, affirme Christian Lander, se résume pour la génération d'Américains nés à la fin du XXe siècle à Guns N'Roses, aux sitcoms des années 1980 et aux virées au *mall*, le centre commercial : « C'est tout ce que nous avons », constate-t-il dans un article consacré à la crise identitaire des gentrifieurs et autres hipsters dans l'Amérique des années 2000-2010[63] – qui fut qualifiée, un peu rapidement, de « post-raciale ». Aux États-Unis, où l'*identity politics* a tendance à prendre les devants sur les inégalités socio-économiques, la « whiteness » commence à être une problématique à la mode, « l'hipsterisme » devenant une identité et un mode de vie communautaire comme un autre. Économiquement privilégiés par rapport aux membres des minorités, les enfants des *baby-boomers* et de la *suburbia* se sentent en revanche culturellement désavantagés du fait de cette non-culture qui définit la *whiteness* typique des années génériques.

C'est ce vague à l'âme très postmoderne qu'évoque également Margaux, qui réside à Paris et a grandi à Toulouse dans une famille de classe moyenne :

« Les gens qui ont une origine géographique ou sociale marquée peuvent se dire, "les miens s'habillent comme ça donc je peux m'habiller comme ça aussi". Moi je viens d'un milieu un peu hybride, français de classe moyenne mais sans attachement régional particulier. Je ne suis pas vraiment toulousaine, parce que mes parents ne sont pas nés à Toulouse. En fait je n'ai jamais eu de sentiment d'appartenance à une communauté, et donc je n'ai pas les valeurs de rattachement à une communauté dont je pourrais me considérer comme étant membre. Les Américains parlent toujours de communauté, en France il y a peu de gens qui se définissent comme étant d'une communauté, c'est l'idéal républicain sans doute, c'est bien, mais culturellement ça ne s'incarne pas, ni dans ce que je bouffe, ni dans la manière dont je m'habille, ni dans rien ».

Bien entendu, cette identification ethnique ne doit pas être prise à la lettre. Les « trucs qu'aiment les blancs » ne sont pas réservés à ces derniers : le bloggeur à l'origine de l'expression moque, comme d'autres, un stéréotype de membre des classes moyennes et supérieures des villes occidentales, tout comme le *millennial* est la traduction dans le langage du marketing d'un ensemble de styles de vie dont les adultes nés entre 1984 et 1995 n'ont pas l'exclusivité.

Par ailleurs, les hipsters ne sont pas à proprement parler des réactionnaires : leurs membres ne ressemblent pas aux petits blancs qui votent pour Donald Trump ou pour Marine Le Pen dans l'espoir de stopper l'immigration ou de juguler les conséquences du multiculturalisme. Leur *revival* ne se traduit donc pas par un repli sur d'hypothétiques racines culturelles traditionnelles dont ils seraient de lointains représentants. Au contraire, toute la culture hipster – et c'est sa spécificité –, repose sur une tentative de concilier le mode de vie cosmopolite qui est le propre des grandes villes et de la globalisation avec une affirmation culturelle très forte et très localisée, une sorte de folklore imaginaire et bricolé, dont l'authenticité serait le mot sésame. Cette culture s'appuie sur une multitude de points de chute qui fonctionnent en réseau : Brooklyn bien sûr, et avec elle toutes les grandes villes américaines disposant d'un quartier hipster, mais également Shoreditch à Londres, les quartiers de l'Est parisien, Berlin. Le hipsterisme ressemble ainsi aux paysages culturels nomades, les « *mediascapes* », décrits par l'anthropologue de la globalisation Arjun Appadurai.

La malédiction de l'authenticité

En 1963, le sociologue américain Daniel Bell publie un article consacré à la notion de « culture de masse[64] », une expression très en vogue dans les milieux intellectuels tout au long des années 1950 et 1960. Il rappelle que, jusqu'au début du XXe siècle, la majorité des Américains vivaient dans de petites communautés dont les membres avaient très peu de contacts avec l'extérieur. « Les nouvelles, pour eux, ce sont les potins locaux, et les rares journaux sont pleins des événements de la petite communauté. L'image que le citoyen moyen se fait du monde est excessivement réduite », écrit le sociologue. Cette situation évolue avec « le développement du cinéma, de la radio, de la télévision, l'impression et la parution simultanée des hebdomadaires dans les différentes grandes villes, [qui] ont pour la première fois procuré à l'ensemble de la nation un fonds commun d'idées, d'images et de divertissements ».

Pour la première fois dans l'histoire de l'humanité, « la masse de la population s'est fondue dans la société », « alors qu'auparavant une grande partie, souvent la plus grande, naissait et demeurait en dehors », poursuit le sociologue. La société de masse est née. « Ce fait que les masses ne veulent plus être "exclues" de la société, c'est cela qui définit la société de masse. Le mode de vie, les droits, les valeurs, les désirs, les privilèges, la culture, qui étaient l'apanage d'une élite, deviennent accessibles à tous. »

Comme le note à la même époque la philosophe Hannah Arendt, dans un monde aristocratique qui n'accordait la reconnaissance qu'à une minorité des individus d'une société, et restait indifférent à la masse des autres, fuir son propre groupe social était aisé. Il suffisait de fréquenter les marges. Or, selon Arendt, c'est précisément cette fuite qui est devenue impossible : « Une bonne part du désespoir des individus dans les conditions de la société de masse est due au fait que ces échappées sont maintenant bloquées parce que la société a incorporé toutes les couches de la population[65]. »

À la question de savoir comment s'échapper d'une société de masse, les hipsters ont répondu : par le « tourisme existentiel ». Leur règne aura marqué la plus grande compétition narcissique de l'histoire, celle de la course au « vrai ». Selon Andrew Potter, auteur d'un essai à charge contre la tentation de l'authenticité[66], celle-ci s'apparente à ce que les économistes désignent comme un « bien positionnel », soit un bien tirant sa valeur du fait que d'autres en sont privés : « Vous ne pouvez être une personne réellement authentique qu'à la condition que la plupart de ceux qui vous entourent ne le soient pas », résume l'auteur. En clair, si la recherche de l'authenticité se présente sous la forme socialement acceptable de l'aspiration au vrai, elle serait avant tout le reflet d'un snobisme détestable et d'un mépris des autres.

S'attardant notamment sur la critique de la vie périurbaine, devenue un genre littéraire en soi aux États-Unis, Potter remarque qu'une grande partie de l'argumentation anti-pavillonnaire puise sa source dans un immense dédain des goûts des classes moyennes américaines. La vie de banlieue pavillonnaire, explique Potter, est devenue classiquement associée à l'inauthenticité. « La *suburbia*, selon la critique, est fausse [*fake*], artificielle, irréelle, c'est un ersatz qui ne propose qu'un simulacre de vraie vie à des gens qui sont soit trop faibles d'esprit soit victimes du lavage de cerveau de la publicité pour savoir ce qui est bon pour eux ».

Selon Potter, ce lieu commun de la critique de l'inauthenticité prend sa source, comme beaucoup d'autres préjugés du même genre, dans la contre-culture des années 1960 et son rejet de la modernité[67]. Une modernité incarnée par différentes entités telles que la bureaucratie étatique ou le complexe militaro-industriel, dont les opposants les plus farouches furent les hippies, les gens cool et, déjà... les hipsters. Car le hipster, avant d'être la tête à claque des années 2000, a été l'ancêtre de la *beat generation* et de la contre-culture hippie. Dès 1957, il fait son apparition sous la plume de l'écrivain Norman Mailer, qui affirme que le monde se divise entre les conformistes et les ringards d'une part, et les hipsters d'autre part. Le néologisme naît de « *hip* », (qui signifie branché, mais fait également référence au mouvement de « hanche » des danseurs) qu'on retrouvera à la racine du terme « *hippie*[68] ». Mailer est ainsi l'un des premiers à définir cet étrange passager clandestin de la culture de masse qu'est le hipster. Il est piquant de constater que, dès les années 1950, c'est une forme d'appropriation culturelle qui le définit le mieux : l'essai de Mailer s'intitule *The white negro*, littéralement « le nègre blanc » – à une époque où ce terme couramment employé n'a pas revêtu la connotation raciste qu'il a acquise aujourd'hui. Loin des cafés *latte*, des chemises de bûcheron et des yukulele, le hipster est alors dépeint comme un jeune homme blanc obsédé par le potentiel « cool » de la culture afro-américaine, à commencer par le jazz, dont l'esprit s'oppose en tout point à l'atmosphère de l'Amérique blanche pavillonnaire et ultraconformiste de l'après-guerre.

C'est cette même matrice idéologique – celle de la contestation de la société de masse – qui permettra la publication, en France, de quelques-uns des chefs-d'œuvre de la critique de ce mode de vie. Entre la fin des années 1960 et le début des années 1970 paraissent ainsi successivement *La Société du spectacle* de Guy Debord, *La Société de consommation* de Jean Baudrillard, *La Vie quotidienne dans le monde moderne* d'Henri Lefebvre : tous tournent autour de la dénonciation de ce malaise de la société consumériste et modernisée que leur lègue la période des Trente glorieuses.

Andrew Potter ne peut s'empêcher de constater l'ironie qui se dégage de l'époque actuelle : une période marquée par la massification de la quête de vrai, dans laquelle le label « authentique » délivré à chacun s'affaiblit automatiquement du fait même de sa démocratisation. Par ailleurs l'un des enseignements de la culture hipster, c'est que la rhétorique centrale des années 1990, celle de la dialectique entre la contre-culture authentique et sa récupération commerciale par le marché, est totalement dépassée. Le règne hipster a signifié que tout devenait à la fois profondément individuel, artisanal, naturel, particulier, tout en étant proposé massivement à nos semblables lancés dans la même quête éperdue de distinction. C'est ce sentiment de déclassement et de duperie que dénonce, avec des mots acerbes, le blogueur Toby Shorin dans un texte justement intitulé « Après l'authenticité » :

> « Si votre marque de bière de microbrasserie n'a pas marché, au moins pourrez-vous apprendre à coder pour rejoindre une *start-up*. Malheureusement, quand votre nouveau bureau de *coworking* affichera la même typographie en lettres peintes à la main que votre *coffee-shop*, possédera le même mur de briques que votre restaurant *fast casual* en circuit court préféré, et mettra en avant le même slogan "*Do what you love*" que les mêmes entrepreneurs célèbres vous rabâchent depuis l'université, il deviendra impossible de réfléchir à toutes ces questions en dehors de la problématique de l'authenticité[69]. »

3. PLONGÉE DANS UNE USINE À VRAI

Si vous apercevez une file d'attente interminable sur les trottoirs de Paris à l'heure du déjeuner et du dîner, et que vous n'êtes pas devant un grand musée national, c'est que vous êtes probablement entré dans la sphère d'influence d'un des sept établissements Big Mamma que compte la capitale – le groupe a également ouvert un restaurant à Lille en 2018 et un autre à Londres en début d'année 2019, le premier à l'étranger.

Big Mamma ne propose pourtant rien qui ne soit déjà intégré à l'offre pléthorique de la restauration parisienne : des pizzas, des pâtes, du risotto, des lasagnes, de la burrata, des desserts italiens, des spritz, du chianti. Plutôt que ses pizzas – certes réussies et dans une gamme de prix raisonnable – ce qui l'a imposé comme une destination de sortie pour des hordes de jeunes cadres et de *foodies* urbains, c'est d'être parvenu à bâtir une expérience très proche de l'idée que chacun se fait de la restauration italienne « authentique ».

Construire cette « expérience » ne se limite pas seulement au respect d'aspects matériels et figés, comme le design des salles ou l'allure des plats, même si aucune de ces dimensions n'est ici négligée. L'interaction avec le personnel est au cœur de l'expérience Big Mamma, devenant à ce titre un véritable petit chef-d'œuvre d'ingénierie sociale. Cette italianité est omniprésente et enserre le client de sa chaleur méditerranéenne dès qu'il franchit le seuil d'un des établissements du groupe, se traduisant par d'énergiques « Ciao ! » et « Buongiorno ! ». Si l'accent est parfait, c'est parce que les jeunes cuisiniers, serveurs et responsables de salles de Big Mamma sont pour la grande majorité d'entre eux véritablement italiens. La plupart ont été recrutés par les deux associés fondateurs du groupe, Tigrane Seydoux et Victor Lugger, qui ont organisé leur installation à Paris. « On ne vend pas des pizzas, on vend un moment. Un moment partagé avec ton serveur, avec le cuisinier qui travaille face à toi », résume parfaitement l'un des deux fondateurs de Big Mamma dans une interview[70]. « Nos fidèles apprécient la cohérence de l'expérience globale », poursuit son associé[71].

La promesse commerciale de Big Mamma est de parvenir à conjuguer l'authenticité de la cuisine de la *mamma* italienne d'une *trattoria* des Pouilles avec la qualité de service d'une enseigne internationale. La chaîne tente ainsi de surmonter un paradoxe, celui de l'industrialisation de l'authenticité et d'une montée en qualité avec des prix comparables, voire inférieurs au marché. Cette équation repose sur une organisation logistique fondée sur un approvisionnement direct auprès des fournisseurs italiens et une production 100 % maison. Big Mamma s'inspire aussi des modèles de l'entrepreneuriat numérique : à l'image d'un Uber de la pizza, le groupe mise sur le long terme et la construction d'une marque globale, privilégiant la taille sur la marge.

Si en *back-office*, Big Mamma a depuis longtemps dépassé le stade de la *trattoria* de quartier, l'entreprise a en revanche le bon goût de ne pas le faire sentir au client. Loin de la réplication infinie qui est le propre de l'expérience franchisée, le client Big Mamma est invité à alterner entre des restaurants et des cartes qui n'ont pas l'air de reproduire une formule identique et standardisée.

Après plusieurs ouvertures célébrées par la presse spécialisée comme autant d'événements gastronomiques, le groupe a ouvert en mai 2018 son vaisseau amiral : La Felicità. Plus qu'un énième restaurant italien dans la capitale, La Felicità s'affiche comme un véritable *food market* consacré à l'expérience italienne, « le plus grand restaurant de Paris et d'Europe ». Ce complexe est installé dans les locaux de la Station F, un méga-projet architectural et entrepreneurial conçu par le businessman Xavier Niel, qui abrite plus de 1 000 *start-ups*. Dimensionnée en conséquence, La Felicità peut accueillir 1 000 couverts sur 4 500 m^2 et emploie plus de 500 salariés – majoritairement italiens – pour mener à bien cette mission.

Une fois entré dans l'établissement, le chaland pénètre dans une allée principale qui fait irrésistiblement songer à la *Main street* du village Disney. Comme chez Mickey, une carte du complexe de loisirs accueille le visiteur et l'aide à s'orienter parmi les attractions – ici des restaurants thématiques à la gloire de la gastronomie italienne. Avec cinq espaces de restauration et trois bars, La Felicità est un petit *resort* 100 % authentique : à droite, le cocktail bar, la *trattoria*, à gauche le *Ceviche* bar – installé dans un ancien wagon de train – la *caffetteria*, l'*hamburgheria*, la *panificio* (une boulangerie italienne), mais également une scène dédiée aux concerts et un étage comprenant une bibliothèque.

Autre point commun avec Disney : un même désir de maîtrise intégrale du décor. Du sol ou plafond, d'où qu'on porte le regard, le moindre centimètre carré du complexe Big Mamma se prête parfaitement à l'instagrammisation. Les tapis et les plantes vertes atténuent le bruit des conversations des mille clients. L'expérience visuelle se poursuit dans l'assiette, les restaurants Big Mamma ayant réussi à faire de la sauce tomate, de la *burrata* et du basilic des couleurs primaires du réseau Instagram.

Les *baristas* du *cocktail-bar* ont des gestes tellement précis que ceux-ci semblent programmés. La programmation est d'ailleurs une intéressante manière de lire l'expérience Felicità : le personnel reproduit les mêmes gestes et prononce les mêmes phrases de manière cyclique, un peu comme ces personnages secondaires de jeux vidéo, condamnés à répéter la même ligne de dialogue tant que le joueur reste dans leurs parages.

La revendication de l'authenticité va très loin. Sur les étals de la boulangerie, chaque pâtisserie est introduite par un petit panneau qui précise la provenance des produits, la date de fabrication… jusqu'au prénom du pâtissier, avec parfois un petit message bienveillant sur sa relation affective à tel ou tel gâteau italien.

> « Le pain au raisin de notre boulanger
> (son kiff retour en enfance)
> Fabriqué : à Paris
> Par : Davide
> Le : aujourd'hui »

Entre l'incubateur géant et le méga-restaurant, le partage des espaces, des styles et des imaginaires est binaire. Dans les terres de la Station F, où les startupeurs fabriquent notre futur, tout est neuf, des *open spaces* épurés jusqu'aux salles de réunion vitrées. À l'inverse, au cœur du Big Mamma – attenant aux bureaux – tout est vieux. Fauteuils club, nappes à carreaux, sols carrelés ou recouverts de tapis persans, natures mortes aux murs, moquette *vintage*, lampe de banquier ornant les étagères remplies de livres d'occasion ou de vaisselle de grand-mère… Le lieu de France le plus en phase avec l'innovation technique côtoie quotidiennement ce havre de rusticité culinaire dans lequel tout paraît patiné, authentique et vrai. Un contresens ? En réalité, davantage une symbiose. Contrairement aux apparences, ces deux établissements n'appartiennent pas à des polarités opposées de l'expérience sociale. Ils sont deux émanations d'une même vision du monde. La Felicità est la réinterprétation du « vrai » au prisme de la *start-up nation*[72]. Les deux mondes ne voisinent pas seulement dans l'espace. Leurs membres sont issus des mêmes groupes sociaux, de la même génération. Ils possèdent les mêmes références, le même imaginaire, les mêmes codes. Tandis qu'à Station F on invente la dématérialisation de l'expérience utilisateur, à la Felicità attenante, on nage en pleine nostalgie disneylandisée. L'expérience authentique s'y déroule conformément aux préceptes de l'UX design, une discipline qui étudie le « parcours utilisateur » à partir de chaque « point de contact » avec la marque dans l'espoir d'en fluidifier les interactions et, par là, de retenir et de satisfaire le client.

Le client de la Felicità est ainsi invité à télécharger une appli sur son smartphone pour commander et payer son plat. Dérouler les menus de cette appli et se laisser guider par ses recommandations est l'occasion de se familiariser avec le langage hybride, moitié startup moitié *trattoria*, généré par Big Mamma et Station F. Avec l'appli La Felicità, « Tu t'assoies, tu commandes, tu *chill*. On t'envoie une notif quand c'est prêt ! » Le client a le choix entre « nos *funcky* pâtes fraîches préparées à la main », le « *Big risotto* des familles pour le midi », le « Burger Big Mamma *style* », le « cool comptoir de gourmandises » et « notre *fat* comptoir de dessert », le tout dans un esprit « 100 % *huge* kiff ».

Que conclure de cette visite dans un des lieux de l'alter-modernité de ce début de siècle, implanté dans une grande capitale cosmopolite occidentale, qui rappelle étrangement tant d'expériences culinaires, touristiques et atmosphériques semblables ? D'abord que si Big Mamma est l'avenir de la franchise, alors la chaîne inaugure une franchise d'un genre nouveau qui, plutôt que de reproduire la même expérience à la chaîne, ambitionne de fournir une petite tranche de vrai à chaque client. Comme le formule l'un des deux associés, « le copier-coller, c'est ennuyant. Notre métier, c'est de créer des lieux, des atmosphères, c'est ce que l'on aime. Les gens ne nous croient pas quand je le dis, ils pensent que l'on ne réfléchit que par le prisme "*business*" mais si on s'était contenté de copier les manuels de management, on n'en serait pas là[73]. »

Pour ma part, je crois volontiers à la sincérité de cette déclaration, tout comme au respect de cette méthode anti-scolaire. Par les temps qui courent, suivre son intuition et faire ce que l'on aime est le plus court chemin vers la réussite commerciale, en tout cas sur le marché de l'authenticité qui inclut désormais de larges secteurs comme l'hôtellerie-restauration, le tourisme, l'immobilier ancien, le marketing territorial et urbain, les espaces de bureau, l'ameublement, l'alimentation ou le bien-être.

Les associés de Big Mamma ont sans nul doute choisi le quartier de Shoreditch à Londres en raison de son potentiel commercial, mais comment ne pas les suivre lorsqu'ils affirment : « "On kiffe la ville, basta" [...] "On adore sa *vibe*", les gens y sont aussi ouverts qu'exigeants. C'est un endroit "chanmé" qui nous "excite à mort"[74] ».

Andrew Potter écrit que le monde dans lequel il s'agissait de faire passer une marque de jeans fabriquée au Bangladesh ou de la vodka industrielle pour « authentiques » était finalement très rassurant car on y détectait facilement les tentatives de « faux authentique ». Il s'agissait ni plus ni moins que de *bullshit*, nous le savions et les équipes du marketing savaient que nous savions qu'il en était ainsi. Il se pourrait bien que cette ère de la récupération commerciale et des stratégies marketing de construction de «*fake* authenticité » soit derrière nous. À la place, ce qui nous est proposé est une authenticité… authentique, ou si l'on veut, garantie 100 % vraie. C'est aussi une authenticité à consommer, comme c'est le cas d'un grand nombre d'expériences ouvertes à nos contemporains.

La question que soulève Big Mamma n'est pas celle de l'authenticité factice : les pizzaïolos sont vraiment italiens, les tomates sont vraiment italiennes (et bios)… En fait, tout y est trop vrai. Autour de moi, la plupart des gens apprécient l'expérience Big Mamma, et je ne fais pas vraiment exception à la règle. Leur modèle hyper authentique agace autant qu'il fascine, comme en témoigne la quantité impressionnante d'articles produits à leur sujet, indice de l'emballement cyclique des médias parisiens pour la dernière mode du moment, mais aussi de l'irrésistible attrait qu'exerce cette manifestation pure de l'hyper vrai auprès d'une population dont les membres se trouvent en perte de repères et en quête de sens. C'est pour eux que l'époque a inventé la réplication industrielle du vrai. Ou l'authenticité à l'ère de sa reproduction numérique. Que se passera-t-il le jour où tous les

Français, tous les Européens, tous les habitants de la planète voudront leur pizza à la *burrata* des Pouilles au déjeuner pour en poster la photo sur Instagram ?

2049, ANNÉE AUTHENTIQUE

Le restaurant La Franchise est situé au cœur de la nouvelle zone *sympa*[*] de la fin des années 2040, la ZAC. L'établissement a été élu restaurant de l'année 2047 par *Le Guide du Fooding*, catégorie « cuisine d'auteur d'entrée de ville ». Lancé par un jeune chef montréalais, ce restaurant audacieux réinvente la cuisine de franchise de restauration rapide périphérique des années 1990-2000. Sa carte est une sélection de recettes industrielles de plusieurs enseignes, réalisées à partir d'ingrédients locaux et bios. « Je suis revenu aux sources : j'ai puisé mon inspiration dans les manuels du franchisé McDo, Buffalo Grill et Flunch d'époque qui présentaient les *process* cuisine de manière très détaillée », explique dans une

* Comme « *hipster* », inventé dans les années 1950 et ressuscité en 2010, le mot « sympa », à la mode dans les années 1980, a fait son grand retour à l'approche des années 2040.

interview l'entrepreneur. Pour coller au plus près à l'expérience gastronomique de l'époque, le jeune chef a collaboré avec sa grand-mère *millennial*, qui a connu dans sa jeunesse l'âge d'or de la restauration rapide franchisée. La Franchise rend hommage et détourne d'autres spécialités à la mode en ces années de globalisation culinaire, comme les tapas ou les verrines, dont le chef conserve une collection de recettes dans la bibliothèque qui trône à l'entrée du restaurant. Pour certains plats à la carte, les connaisseurs peuvent même demander la « cuisson au micro-ondes ». En cuisine, les membres de la brigade portent des casquettes à visière aux couleurs de Burger King. Une fois servis sur des plateaux en plastique, les clients emportent leur repas et cherchent un emplacement sympa sur un ancien parking ou sur l'îlot central paysager d'un des douze ronds-points de la ZAC.

Pour faire de La Franchise une expérience immersive dans le style de vie des années 1990, l'équipe a eu recours à une agence de design urbain dont les artisans maîtrisent les techniques anciennes de signalétique commerciale routière. Ses graphistes ont planté tout autour du restaurant des pylônes avec, à leur sommet, des lettres-enseignes entourées d'un néon du plus bel effet une fois la nuit tombée. Depuis l'ancienne voie rapide qui borde le périmètre de la ZAC, on aperçoit le logo de la chaîne de restauration Grill Courtepaille, celui de l'enseigne de *fast-food* américaine McDonald's, les trois lettres rouges des magasins de meuble But ainsi qu'un Thiriet installé un peu en retrait. Le bâtiment du restaurant est surmonté d'un toit de forme conique récupéré sur un authentique restaurant Courtepaille de la périphérie d'Amiens, entièrement rénové avec des matériaux d'époque.

Bien que les dernières générations de restaurants franchisés du début du XXIe siècle comme Courtepaille et Buffalo Grill aient renoncé aux toits fantaisistes au profit d'aménagements plus sobres, le public de la ZAC des années 2040 veut consommer de l'authentique ! Il plébiscite les formats les plus kitsch des années 1980 à 2010, trois décennies que les historiens de la pop culture ont baptisé « Les Trente génériques ».

Comme les devantures de charcutiers des années 1960 dans les années 2010, les lettres-enseignes de zone commerciale ont fait leur grand retour dans l'aménagement urbain mais également chez les particuliers, qui les installent dans leurs jardins et dans leurs cours intérieures. Un style pompier que les critiques d'art nomment ironiquement le style « *millennials France moche* ». Le Non-lieu, une boutique de brocante de luxe installée dans une de ces boîtes en tôle qui abritaient les magasins spécialisés et les grandes surfaces alimentaires, s'est spécialisée dans la commercialisation de ces vieilleries. Elle les vend à prix d'or aux « verts-carbone », l'élite métropolitaine au mode de vie entièrement décarboné qui s'est prise de passion pour le style de vie des années 2000.

La ZAC est installée sur les vestiges d'une zone commerciale construite au milieu des années 1990, un de ces quartiers périphériques qui avaient la faveur des aménageurs à la fin du siècle dernier, progressivement vidés de leurs activités pour devenir des friches s'étendant sur plusieurs hectares. Comme les fermes abandonnées au cours de l'exode rural, reconverties en gîtes ou en maisons secondaires, puis les friches provoquées par la désindustrialisation, transformées en lofts dans des quartiers réinventés, les zones commerciales de périphérie sont depuis quelques années le terrain de jeu des artistes et des jeunes précaires qui n'arrivent plus à se loger dans les banlieues du Grand Paris, du Grand Lyon et du Grand Bordeaux.

À trois ronds-points de La Franchise, les amateurs de dépaysement peuvent séjourner sur le site de L'Atrium, un ensemble de gîtes de charme aménagés dans les immeubles d'un technopôle du milieu des années 1990. Jusqu'au début des années 2020, il abritait un pôle de compétences high-tech spécialisé dans l'architecture des systèmes d'information et l'informatique décisionnelle. Chaque bâtiment de l'ancien technopôle a été transformé en suite hôtelière : les clients disposent d'un atrium principal pour leurs repas en rez-de-chaussée, où trône une borne à affichage digital sur laquelle défilent les noms des anciennes entreprises de conseil du secteur. D'autres écrans diffusent sous forme de *slides* PowerPoint d'époque une exposition temporaire consacrée aux métiers anciens des années génériques comme le conseil en organisation, *l'analytics* de big data et le CRM multicanal. À l'étage, des chambres ont été aménagées dans les anciens *open spaces*, dont les plantes artificielles, les cloisons et les dalles de faux plafond gris ont été conservées par souci d'authenticité.

Dans la galerie marchande abandonnée attenante à l'ancien Géant Casino, un café sympa, Le Kevin, a ouvert. Profitant du volume disponible, ses propriétaires ont disposé des tables tous les quarante mètres, surfant sur la tendance du « gigantisme », qui prend le contre-pied du minimalisme que plébiscitent les vieux. Un peu plus loin, la bretelle d'accès à l'autoroute a été transformée en galerie à ciel ouvert où sont exposées des œuvres de *road art* inspirées de la signalétique autoroutière de la direction de l'Équipement. Un espace de *coworking* a ouvert dans l'ancien magasin But.

On parle depuis peu de faire de la ZAC un site classé en témoignage des modes de vie des habitants de la France des classes moyennes de la fin du précédent millénaire. Les lotissements pavillonnaires des villages des environs ont été investis par de jeunes ménages aisés en quête d'une vie plus authentique. Les nouveaux venus parodient certaines coutumes des anciennes populations périurbaines comme le mode de déplacement « tout-voiture », la restauration rapide à emporter – le « *drive* » –, le visionnage d'un programme de télévision en soirée. La réplique d'un hypermarché – d'anciens magasins alimentaires en libre-service de très grand format – a été installée aux abords d'un des lotissements. Des enceintes y diffusent de la musique suburbaine d'époque, comme *American Idiot* de Green Day, pour une expérience de courses plus réaliste. La pression immobilière est de plus en plus forte dans ces zones et les jeunes gens plus alternatifs ont depuis déplacé le centre gravité de la sympatitude un peu plus bas, au niveau du rond-point de sortie de l'autoroute. Ils y ont installé un bar underground, Le Rond-Point du Leclerc, dans lequel le *dress code* stipule le port d'un vêtement technique fluo à bandes réfléchissantes, un « gilet jaune », en référence à une révolte sociale des périphéries françaises des mois de novembre et décembre 2018.

REMERCIEMENTS

Pour leurs relectures et pour leurs conseils, un grand merci à Sandrine Gulbenkian Napias, Guillemette Faure, Hervé Grazzini, Jean-Marc Proust, Aurélie Faure, Caroline Francescato, Thierry Germain, Magali Perruchini, Denis Maillard, Jean-Marie Pottier, Laura Guien, Michael Atlan, Margaux Leridon, Yannick Cochennec, Bryce Davesne, Gérald Andrieu, Jérôme-Olivier Delb, Stéphanie Foucard, Philippe Goetzmann, Maïlys Tokarski, Nicolas Vanbremeersch, Michel Jaouen, Mehdi Irid, Charlotte Krantz, Julien Chaussé, Martin Vielajus, Piérick Tournier, Juliette Chain, Jérémie Collado, Sarah Pasquier Albaranes, Julien Albaranes, Luc-Antoine Lenoir, Ariane Bonzon, Daphnée Leportois, Charlotte Hervot, Laurent Chalard, Claire Gervais. Merci à Thomas Lehoux de Belleville Brûlerie et à Félix Duman du restaurant Aux Bons Crus ; à Agnès Crozet, Nathalie Damery, Philippe Moati et Véronique Varlin de l'*ObSoCo*, à Margot Baldassi et Philippe Gargov qui ont accueilli certaines étapes de ce texte sur le site *Pop-Up Urbain* et à l'équipe de *Slate.fr* où est parue une première version de l'Hyper France. Merci à Elena Scappaticci, Catherine Somon et Johann Visentini des Éditions Arkhê pour m'avoir accompagné dans ce projet. Merci aux *coffee-shops* hipsters dans lesquels ce livre a été écrit.

NOTES

1. « 22 choses que tous les enfants qui ont grandi dans les années 1990 connaissent forcément », Jennifer Padjemi, *Buzzfeed*, 17 octobre 2015.

2. Gilles Lipovetsky, *L'Ère du vide*, Gallimard, 1983.

3. Francis Fukuyama, *La Fin de l'histoire et le dernier homme*, Flammarion, 2009.

4. Andrew Potter, *The Authenticity Hoax : How we get lost finding ourselves*, Harper, 2010.

5. Benjamin Barber, *Djihad versus McWorld*, Desclée de Brouwer, 1996.

6. Marshall Berman, *Tout ce qui est solide se volatilise*, Entremonde, 2018.

7. Marc Augé, *Non-Lieux, Introduction à une anthropologie de la surmodernité*, Seuil, 1992.

8. Naomi Klein, *No Logo : La tyrannie des marques*, Actes Sud, 2001.

9. David Berliner, *Perdre sa culture*, Zones sensibles, 2018.

10. Gurvan Kristanadjaja, Instagram rebat les cartes des restaurants, *Libération*, 6 septembre 2018.

11. Michel Houellebecq, *La Carte et le territoire*, Flammarion, 2010.

12. Ces épisodes furent publiés par la presse italienne et plus tard rassemblés dans un recueil de textes paru en français sous le titre *La guerre du faux*, Le livre de poche, 1987.

13. « Cul de Cochon mise sur un snacking charcutier authentique », *Snacking.fr*, 9 novembre 2018.

14. Henri Lefebvre, *La Vie quotidienne dans le monde moderne*, Gallimard, 1968.

15. Henri Lefebvre, *idem.*

16. Les sociologiques Michel Pinçon et Monique Pinçon-Charlot écrivaient en 2009 que « les ouvriers ont vu leur proportion dans la population active diminuer de moitié, dans le XIe arrondissement, entre 1982 et 1999, passant de 24 % à 12 %. Alors que les cadres et professions intellectuelles supérieures doublent leur représentation (15,7 % à 32,9 %) »... Une dynamique qui s'est poursuivie depuis. *Paris, Quinze promenades sociologiques*, Payot, 2009.

17. Karen Bettez Halnon, *The Consumption of Inequality, Weapons of Mass Distraction*, Palgrave Macmillan US, 2013.

18. Jean Viard, *Nouveau portrait de la France : La société des modes de vie*, Éditions de l'Aube, 2012.

19. Vincent Cocquebert, *Millennial Burn-Out : X, Y, Z... Comment l'arnaque des « générations » consume la jeunesse*, Arkhê, 2019.

20. Rem Koolhaas, *Junkspace, Repenser radicalement l'espace urbain*, Manuels Payot, 2011.

21. Fredric Jameson, *Le Postmodernisme : Ou la logique culturelle du capitalisme tardif*, École nationale supérieure des beaux-arts, 2011.

22. Marc Augé, *op. cit.*

23. Dans un entretien accordé au magazine *Magic*, le chanteur explique : « J'avais, en effet, envie de parler de "*la France moche*" – je la côtoie en tournée, lorsque nous passons de zone industrielle en zone industrielle. Ça ne me fait pas fantasmer de jouer dans des salles excentrées ou de dormir dans des hôtels en pleine ZI. Il y a une vraie angoisse oculaire qui m'affecte dans mon activité de chanteur et musicien censé offrir un peu de plaisir aux gens. Je n'y vois que de la laideur qui s'étend. Or, l'architecture est un enjeu important de notre vie quotidienne. » « Dominique A : entrevue 29-04-12 », Franck Vergeade, *Magic, Revue Pop Moderne*, 29 avril 2012.

24. Xavier de Jarcy et Vincent Remy, *Comment la France est devenue moche*, *Télérama*, 12 février 2010.
L'apparition de cet urbanisme et ses conséquences sont étudiés dans le détail par David Mangin dans *La Ville franchisée, Formes et structures de la ville contemporaine*, Éditions de la Villette, 2004, et Franck Gintrand, dans *Le jour où les zones commerciales auront dévoré nos villes*, Thierry Souccar Éditions, 2018.

25. Franck Gintrand, *op. cit.*

26. Ce rôle crucial du carrefour giratoire dans l'aménagement du territoire contemporain a été étudié en détail par Éric Alonzo dans *Du Rond-point au giratoire*, Parenthèses éditions, 2005.

27. *GR 2013 Marseille-Provence*, Fédération française de randonnée, 2013.

28. Pour une plongée dans la *vaporwave* : « Mélodie des *Malls* : notre playlist des lieux de chalandise #1 », Margot Baldassi, *Pop-Up Urbain*, 29 mars 2016, et « *Vaporwave*, la musique d'un futur qui n'a jamais existé », Galaad Wilgos, *Slate.fr*, 13 mai 2017.

29. Rem Koolhaas, *op. cit.*

30. Lire à ce sujet l'article de la revue en ligne *Exercice*, « France Gall avait raison, Voici Monopolis », Florent Auclair (*Exercice.co*).

31. Jürgen Nefzger, *Hexagone, Tome 1 : Le paysage fabriqué* et *Tome 2 : Le Paysage consommé*, Fûdo Éditions, 2006. Le texte de présentation est de Jean-Marie Baldner.

32. Henri Mendras, *La Seconde révolution française*, 1965-1984, Folio, 1994.

33. Armand Frémont, *France, géographie d'une société*, Flammarion, 2011.

34. Bernard Cathelat, *Les Styles de vie des Français, 1978-1998*, Stanké, 1977.

35. « "C'est notre café à nous" : quand le McDo remplace le troquet du coin », Lorraine de Foucher, L'Époque, *Le Monde*, 2 novembre 2018.

36. « Le prêt-à-manger », Patrick Sery, *Le Nouvel Observateur*, 23 décembre 1972.

37. Jean-Yves Potel (dir.), *L'État de la France et de ses habitants*, La Découverte, 1985.

38. Bruce Bégout, *Lieu Commun, le motel américain*, Allia, 2017.

39. Franck Gintrand, *op. cit.*

40. Jean-François Sirinelli, *Les Révolutions françaises : 1962-2017*, Odile Jacob, 2017.

41. Naomi Klein, *op. cit.*

42. Benjamin Barber, *Comment le capitalisme nous infantilise*, Fayard, 2007.

43. Jean-Pierre Le Goff, *La fin du village : une histoire française*, Gallimard, 2012.

44. Citation et séries de photos, *A world around Disney*, 1 et 2, sur le site du photographe, *www.christophsillem.com.*

45. Hacène Belmessous, *Le nouveau bonheur français ou le monde selon Disney*, L'Atalante, 2009.

46. Les citations qui suivent à propos de l'AirSpace sont toutes extraites des deux articles publiés par Kyle Chayka en 2016 dans la presse anglophone : « Welcome to AirSpace. How Silicon Valley helps spread the same sterile aesthetic across the world », *The Verge*, 3 août 2016 et « Same old, same old. How the hipster aesthetic is taking over the world », *The Guardian*, 7 août 2016. Plus court, l'article du *Guardian* est une reformulation des thèmes développés par l'auteur dans son premier article.

47. « A French Couple Is Suing Airbnb For Ripping Off Their Home », Caroline O'Donovan, *BuzzFeed News*, 18 novembre 2015.

48. Paul Virilio, *Cybermonde, la politique du pire*, Textuel, 2001. Du même auteur et sur le même sujet : *L'Espace critique*, Christian Bourgois Éditeur, 1984.

49. *Naked City : The Death and Life of Authentic Urban Places*, Sharon Zukin, Oxford university press, 2010.

50. « A complicated future for a banlieue on the outskirts of Paris », Mira Kamdar, *The New York Times,* 9 mars 2015.

51. « Gare à l'overdose de "Brooklyn" en banlieue », Mira Kamdar, *Enlarge your Paris,* 18 février 2019.

52. « "SoPi" , le marketing urbain à la sauce Pigalle », Jean-Laurent Cassely, *Slate.fr,* 16 mai 2015.

53. Parmi les innombrables articles d'analyse produits dans la presse américaine autour des hipsters, on retiendra celui de Mark Greif, qui revient sur cette figure majeure de la culture des années 2000 : « What was the hipster », 24 octobre 2010, *New York magazine.*

54. Un portrait complet du hipster a été écrit par Olivier Tesquet en 2010, dans lequel le journaliste note déjà que le hipster « ne sait plus à quel saint se vouer, tiraillé entre le jean slim et le k-way fluo, le keffieh militant ou les Ray-Ban Aviator ostentatoires. » « Pister le hipster », Olivier Tesquet, *Slate.fr,* 22 novembre 2010.

55. « *Kill all hipsters* », Rhian E. Jones, Strike !, numéro d'été 2013. C'est dans ce même numéro qu'a été publié l'article de David Graeber à propos des *bullshit jobs* devenu mondialement viral.

56. Erik Cohen, « Authenticity and commoditization in tourism », *Annals of Tourism Research,* Volume 15, Issue 3, 1988, p. 371-386.

57. Karen Bettez Halnon, *The Consumption of Inequality, Weapons of Mass Distraction*, Palgrave Macmillan US, 2013.

58. Justine Sharrock, « Dive bar down », *East Bay Express,* 29 mai 2002.

59. Fredric Jameson, *op. cit.*

60. Henri Lefebvre, *La Vie quotidienne dans le monde moderne*, Gallimard, 1968.

61. Fredric Jameson, *op. cit.*

62. *How to Kill a City: Gentrification, Inequality, and the Fight for the Neighborhood*, Peter Moskowitz, Nation Books, 2017.

63. « The End of White America ? », Hua Hsu, *The Atlantic,* janvier-février 2009.

64. « Les formes de l'expérience culturelle », Daniel Bell, *Communications,* 2, 1963.

65. « La crise de la culture : sa portée sociale et politique », *La crise de la culture*, Hannah Arendt, Gallimard, 1972.

66. Andrew Potter, *op. cit.*

67. Cette thèse est développée par Andrew Potter et Joseph Heath dans *Révolte consommée, Le mythe de la contre-culture*, Naïve, 2005.

68. « Derrière le look du hipster, il y a des idées », Florine Delcourt, *Slate.fr,* 4 février 2018.

69. « *After Authenticity* », Toby Shorin, Subpixel Space, 6 avril 2018.

70. « Comment la cuisine italienne de Big Mamma a conquis Paris », Constance Dovergne, *Vanity Fair,* 28 juillet 2017.

71. « La recette de Big Mamma, le repaire italien des hipsters », Clotilde Briard, *Les Echos Start,* 16 mars 2017.

72. « La Felicità de Big Mamma : beau, bon, jusqu'à l'indigestion ? », François Chevalier, *Télérama,* 30 mai 2018.

73. « Big Mamma, délicieux braquage à l'italienne », Julien Chassagne, *The Good Life,* 11 octobre 2018.

74. « Big Mamma à Londres : l'heure de Gloria est arrivée », Alice Thierry de Ville d'Avray, *London French Morning,* 22 février 2019.

AUX ÉDITIONS ARKHÊ

EN LIBRAIRIE

- Daniel Arasse, *Le Portrait du Diable*
- Paul-Laurent Assoun, *L'Énigme de la Manie*
- Philippe Bartherotte, *Sugar Baby*
- Franco Basaglia, *L'Institution en Négation*
- Ken Binmore, *La Théorie des Jeux, une introduction*
- J. Baschet, J.-C. Bonne, P.-O. Dittmar,
Le Monde Roman, Par delà le bien et le Mal
- Régis Boyer, *Islande, Groënland, Vinland*
- Maurice Daumas, *Qu'est-ce que la Misogynie ?*
- Pierre-Emmanuel Guigo, *Com & Politique*
- Hilario Franco Junior, *Le pays de Cocagne (Histoire)*
- Camille Le Doze, *La Puce (Histoire)*
- Patrick Graille, *Le Troisième Sexe*
- Boris Groys, *Portrait de l'artiste en Masochiste*
- Bertrand Legendre, Corinne Abensour, *Entrer en Littérature*
- Bertrand Lançon, Adeline Gargam, *Histoire de la Misogynie*
- Jean Maurel, La bête qui pense, *Victor Hugo Philosophe*
- Rémy Oudghiri, *Ces Adultes qui ne Grandiront Jamais*
- S. Sand, D. Penslar, A. Shlaïm, *Israël face à son Passé*
- Jean-Claude Schmitt, *L'Invention de l'Anniversaire*
- Robert Segal, *Les Mythes, une introduction*
- Bertrand Tillier, *La Belle Noyée, Enquête sur l'inconnue de la Seine*
- Patrick Tort, *Darwinisme et Marxisme*
- Camille Viéville, *Le Portrait Nu : Figurer le Corps*
- Paul Veyne, Louis Marin, *Propagande, Expression, Roi*
- Markos Zafiropoulos, *L'Œil Désespéré par le Regard*

NOUVEAUTÉS

- Jacques Berlioz, *L'Art de poser les (bonnes ?) questions*
- Jean-Laurent Cassely, *La Révolte des Premiers de la Classe*
- Marianne Celka, *Vegan Order*
- Vincent Cocquebert, *Millennial Burn-out*
- Daniel Jaquet, *Combattre au Moyen Âge*
- F. Besson, P. Guena, A. Marin, C. Kikuchi, *Actuel Moyen Âge*
- Christiane Klapish-Zuber, *Se Faire un Nom*
- Jérémy Lemarié, *Surf : Une histoire de la glisse...*
- Jean Levi, *La Chine en Guerre*
- Angelica Montanari, *Cannibales*
- Didier Musieldak, *L'Atelier Occidental du Terrorisme*
- Pascale Robert-Diard, *La Part du Juge*
- Jean-Claude Schmitt, *L'Invention de l'Anniversaire (poche)*
- Jean-Claude Schmitt, *Penser par Figures*
- S. Saeki, P.-F. Souyri, *Samouraïs*
- Dimitri tilloi-d'ambrosi, *L'Empire Romain par le Menu*
- Bertrand Vidal, *Survivalisme, Êtes vous prêts pour la fin du monde*

À PARAÎTRE

- Actuel Moyen Âge, *Tome II*

Découvrez notre actualité et des extraits exclusifs de nos ouvrages sur *www.arkhe-editions.com*

ACHEVÉ D IMPRIMER
POUR LE COMPTE DES
ÉDITIONS ARKHÊ PAR
L IMPRIMERIE
CORLET I
DÉPÔT LÉGAL
MARS 2019

Imprimé en France
N° d'impression : 203702